학생 · 일반인의
인성교육 지침서

原本解說

字
小學

김 영 배

太乙出版社

머 리 말

　사자소학(四字小學)은 어른을 공경함과 형제나 벗과의 우애, 그리고 언행에 있어서 예의와 바른 처세 등 충효사상(忠孝思想) 이 함축된 내용으로 옛날 천자문(千字文)에 앞서 학습했다는 초 등 교육의 교과서였다고 한다.

　사자소학(四字小學)은 중국 송(宋)나라 때의 유자징(劉者澄) 이란 분의 가르침을 모아 편술된 교훈서로써 예의범절(禮義凡 節)과 인성교육(人性敎育)의 지침서이다. 이 금옥같은 명구를 4 자구로 엮은 것이 사자소학(四字小學)인데 240구를 배열하여 960자로 된 것이 있고, 276구를 배열하여 1104자로 이루어진 두 가지의 것이 있는데, 본서는 그 후자의 것을 엮은 것이다.

　현대는 문명의 발전을 거듭하면 할수록 높은 건물의 음영처럼 인심이 각박해져만 가는데 그곳에서의 원만한 처세술과 녹색의 인성을 회복함에 있어 사람들은 문명의 발전의 속도만큼 예의와 인격을 함양할 수 있도록 노력해야만 한다고 생각한다.

　이 사자소학의 학습에 있어서 본래부터 주어진 특성이 있다면 어른과 귀여운 자녀가 함께 학습할 수 있다는 것이다. 예도사상 (禮度思想)은 아이만 배워야 하는 것이 아니며 남녀노소(男女老 少)의 구분이 없을 것이기 때문이다. 인간은 첨단과 인성을 균형 있게 유지하지 못한데서 균열과 붕괴를 초래한다는 말, 오늘날 더욱 그 뜻의 의지를 부여잡지 못한다면 사회는 국경이 없는 무 질서로 어지러워 질 수 있음을 각심하여 귀여운 자녀부터 교육 해 나아가야 할 것이다.

편자 김 영 배 드림

永 字 八 法

♣ 漢나라 蔡邕이 고안한 것으로 「永」字로써 모든 글자에 공통하
는 여덟가지의 運筆法을 「永字八法」이라 한다.

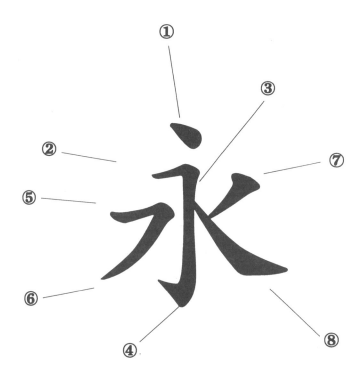

① 側(측)…점찍는 법(上點)
② 勒(늑)…가로 긋는 법(平橫)
③ 努(노)…내리 긋는 법(中直)
④ 趯(적)…올려 긋는 법(上句)
⑤ 策(책)…오른쪽으로 치키는 법(左挑)
⑥ 掠(약)…길게 뻗치는 법(右拂)
⑦ 啄(탁)…짧게 뻗치는 법(左擎)
⑧ 磔(책)…파임하는 법(右捺)

NEW WORK BOOK

父	生	我	身
아비 부	날 생	나 아	몸 신

 부생아신:아버님은 나의 몸을 이 세상에 태어나게 하시고

母	鞠	吾	身
어미 모	기를 국	나 오	몸 신

 모국오신:어머님은 나의 몸을 양육(養育)하시었다.

腹	以	懷	我
배 복	써 이	잉태할 회	나 아

 복이회아:어머님은 뱃속에 나를 잉태(孕胎)하시었고,

NEW WORK BOOK

乳	以	哺	我
젖 유	써 이	먹일 포	나 아

 유이포아 : 낳으신 후에는 나에게 모유를 먹여 기르셨다.

以	衣	溫	我
써 이	옷 의	따뜻할 온	나 아

 이의온아 : 옷을 입힘으로써 나를 따뜻하게 하시었고,

以	食	飽	我
써 이	먹일 식	배부를 포	나 아

 이식포아 : 밥을 먹임으로써 나를 배부르게 하시었다.

NEW WORK BOOK

恩	高	如	天
은혜 **은**	높을 **고**	같을 **여**	하늘 **천**

 은고여천：그 은혜는 하늘과 같이 높으시고,

德	厚	似	地
큰 **덕**	두터울 **후**	같을 **사**	땅 **지**

 덕후사지：그 덕은 땅과 같이 두텁도다.

爲	人	子	者
할 **위**	사람 **인**	아들 **자**	놈 **자**

 위인자자：그러하니 사람의 자식으로 태어나,

NEW WORK BOOK

曷	不	爲	孝
어찌 **갈**	아니 **불**	하 **위**	효도 **효**

 갈불위효:어찌 효도를 하지 않을 수 있으리오.

欲	報	深	恩
하고자할 **욕**	갚을 **보**	깊을 **심**	은혜 **은**

 욕보심은:그래서 그 깊은 은혜를 갚고자는 하였으나,

昊	天	罔	極
하늘 **호**	하늘 **천**	없을 **망**	다할 **극**

 호천망극:부모님은 기다려 주시지 않고 돌아가시는도다.

父	母	呼	我
아비　　부	어미　　모	부를　　호	나　　아

 부모호아:부모님께서 나를 부르실 때에는,

唯	而	趨	之
대답할　유	말이을　이	달릴　　추	갈　　지

 유이추지 : '예' 하고 대답함과 동시에 재빨리 다가가서,

有	命	必	從
있을　　유	목숨　　명	반드시　필	좇을　　종

 유명필종:하명이 있으시면 반드시 복종(服從)하여 받들고,

NEW WORK BOOK

勿	逆	勿	怠
말 물	거스를 역	말 물	게으를 태

 물역물태:그 명령에 거역하지 말것이며, 또 주춤거리지도 말아라.

父	母	責	之
아비 부	어미 모	꾸짖을 책	갈 지

 부모책지:부모님께서 꾸짖음이 계실지라도,

勿	怒	勿	答
말 물	성낼 노	말 물	대답 답

 물노물답:성냄이 없어야 하며 말대답도 하지 말아야 한다.

NEW WORK BOOK

侍	坐	親	前
모실 **시**	앉을 **좌**	어버이 **친**	앞 **전**

 시좌친전：부모님을 모시고 그 앞에 앉을 경우,

勿	踞	勿	臥
말 **물**	걸터앉을 **거**	말 **물**	누울 **와**

 물거물와：무릎을 가지런히 세우고 앉아야지, 눕거나 하여서는 아니된다.

侍	坐	親	側
모실 **시**	앉을 **좌**	어버이 **친**	곁 **측**

 시좌친측：부모님을 모시고 그 옆에 앉을 경우에는

NEW WORK BOOK

勿	怒	責	人
말 물	성낼 노	꾸짖을 책	사람 인

 물노책인 : 성냄이 없이, 남을 책망해서도 아니된다.

父	母	出	入
아비 부	어미 모	날 출	들 입

 부모출입 : 부모님께서 나가시거나 들어오실 때에는,

每	必	起	立
매양 매	반드시 필	일어날 기	설 립

 매필기립 : 그때마다 반드시 일어서서 단정히 인사를 여쭈어야 한다.

NEW WORK BOOK

勿	立	門	中
말 물	설 립	문 문	가운데 중

 물립문중 : 문 가운데 서 가로막고 서 있지 말것이며,

勿	坐	房	中
말 물	앉을 좌	방 방	가운데 중

 물좌방중 : 방 한가운데 앉아 있지도 말라.

出	入	門	戶
날 출	들 입	문 문	지게 호

해설 출입문호 : 집안의 출입구(出入口)를 드나들 때에는,

NEW WORK BOOK

開	閉	必	恭
열 개	닫을 폐	반드시 필	공손할 공

 개폐필공:문을 여는 것과 닫는 것을 반드시 공손히 하여라.

須	勿	大	唾
모름지기 수	말 물	큰 대	침뱉을 타

수물대타:모름지기 큰소리를 내어 침을 뱉지 말것이며.

亦	勿	弘	言
또 역	말 물	클 홍	말씀 언

역물홍언:또한 큰소리로 말하지 말아야 한다.

NEW WORK BOOK

口	勿	雜	談
입 구	말 물	섞일 잡	말씀 담

 구물잡담 : 입으로는 잡담을 늘어놓지 말것이며,

手	勿	雜	戲
손 수	말 물	섞일 잡	희롱할 희

 수물잡회 : 손으로는 손장난을 하지 말아야 한다.

行	勿	慢	步
다닐 행	말 물	거만할 만	걸음 보

 행물만보 : 다닐 적에는 방자하게 걷지 말것이며,

NEW WORK BOOK

坐	勿	倚	身
앉을 **좌**	말 **물**	의지할 **의**	몸 **신**

 좌물의신 : 앉아 있을 경우에는 벽에 몸을 기대지 말라.

父	母	衣	服
아비 **부**	어미 **모**	옷 **의**	옷 **복**

 부모의복 : 방바닥에 놓여 있는 부모님의 의복을,

勿	踰	勿	踐
말 **물**	넘을 **유**	말 **물**	밟을 **천**

 물유물천 : 넘지도 말고, 밟지도 말아야 한다.

사자소학

NEW WORK BOOK

膝	前	勿	坐
무릎 슬	앞 전	말 물	앉을 좌

 해설 **슬전물좌**:부모님의 무릎 앞에 앉지 말것이며,

面	上	勿	仰
낯 면	위 상	말 물	우러를 앙

 해설 **면상물앙**:자기 얼굴을 쳐들고 부모님의 얼굴을 올려다보지 말라.

父	母	臥	命
아비 부	어미 모	누울 와	명령할 명

 해설 **부모와명**:부모님께서 누운채로 무엇을 시키시더라도,

 NEW WORK BOOK

오늘의 명언

♡ 재산있는 겸손에는 위험이 더 적다.
루이시스 아나이우스 세네카 / 로마 스토아 철학자

俯	首	聽	之
구부릴 **부**	머리 **수**	들을 **청**	이(갈) **지**

 부수청지:고개를 숙이고 그 시키는 일을 다소곳이 해야 한다.

鷄	鳴	而	起
닭 **계**	울 **명**	말이을 **이**	일어날 **기**

 계명이기:새벽에 일어나서는,

必	盥	必	漱
반드시 **필**	손씻을 **관**	반드시 **필**	양치질 **수**

 필관필수:반드시 세수하고 반드시 양치질을 해야 한다.

NEW WORK BOOK

晨	必	先	起
새벽 신	반드시 필	먼저 선	일어날 기

 신필선기 : 새벽에는 반드시 부모님보다 먼저 일어나야 하고,

暮	須	後	寢
저물 모	모름지기 수	뒤 후	잠잘 침

 모수후침 : 밤에는 모름지기 부모님보다 늦게 자야 한다.

父	母	有	病
아비 부	어미 모	있을 유	병들 병

 부모유병 : 부모님이 병환(病患) 중에 계시면,

NEW WORK BOOK

憂	而	謀	瘳
근심 우	말이을 이	꾀할 모	병나을 추

 우이모추 : 근심으로 병환이 빨리 나을 수 있도록 정성을 다해야 하며,

父	母	不	食
아비 부	어미 모	아니 불	밥 식

 부모불식 : 부모님께서 진지를 잡수시지 아니할 때에는,

思	得	良	饌
생각할 사	얻을 득	어질 량	반찬 찬

 사득양찬 : 사려 깊게 부모님의 입에 맞는 좋은 반찬을 다시 마련하여 올리도록 하여라.

NEW WORK BOOK

오늘의 명언

♡ 가장 많이 고난을 당한 사람이 가장 큰 영화를 누릴 것이며, 가장 위험한 곳을 지나온 사람이 큰 승리와 성공을 볼 것이다.

밀턴/영국 작가

飲	食	親	前
마실 음	밥 식	어버이 친	앞 전

 음식친전 : 부모님앞에서 음식을 먹을 때에는,

毋	出	器	聲
말 무	날 출	그릇 기	소리 성

 무출기성 : 그릇 소리가 나지 않도록 하여야 한다.

衣	服	雖	惡
옷 의	옷 복	비록 수	악할 악

해설 **의복수악** : 의복이 비록 나쁘다 할지라도,

NEW WORK BOOK

與	之	必	着
줄 **여**	이(갈) **지**	반드시 **필**	입을 **착**

 여지필착:부모님이 주시거든 공손히 받아 반드시 입어라.

飮	食	雖	厭
마실 **음**	먹을 **식**	비록 **수**	싫을 **염**

 음식수염:어떤 음식이 비록 싫더라도,

賜	之	必	嘗
줄 **사**	이(갈) **지**	반드시 **필**	맛볼 **상**

 사지필상:부모님이 주시거든 반드시 감사하게 먹어야 한다.

NEW WORK BOOK

平	生	一	欺
평평할 평	날 생	한 일	속일 기

 평생일기:평생에 단 한번 일지라도 부모님을 속인다면,

其	罪	如	山
그 기	죄 죄	같을 여	메 산

 기죄여산:그 죄는 태산과 같이 큼이니라.

若	告	西	適
만약 약	알릴 고	서녘 서	갈 적

 약고서적:만약 서쪽으로 간다고 부모님께 아뢰었으면,

오늘의 명언

♡ 추위에 떨었던 자만이 태양의 따뜻함을 느낀다. 인생의 고뇌를 겪은 자만이 생명의 존엄을 안다.

W. 휘트먼 / 풀잎

NEW WORK BOOK

不	復	東	往
아니 **불**	다시 **부**	동녘 **동**	갈 **왕**

 불부동왕 : 달리 동쪽으로 가는 것과 같은 행동은 하지 말고,

出	必	告	之
날 **출**	반드시 **필**	알릴 **고**	갈 **지**

 출필고지 : 외출(外出)할 때에는 반드시 이를 부모님께 아뢰고,

返	必	拜	謁
돌이킬 **반**	반드시 **필**	절 **배**	아뢸 **알**

 반필배알 : 집에 돌아와서는 반드시 부모님께 절하고 뵈어라.

NEW WORK BOOK

오늘의 명언

♡ 사내가 뜻이 굳은 것은 좋지만 너무 굳기만 하고 휘어야 할 때 휠줄 모르면 부러질 염려가 있는 것이다.
이광수 / 한국 작가

勿	與	人	鬪
말 물	더불어 여	사람 인	다툴 투

 물여인투:사람들과 다투거나 싸우지 말라 만약 남들과 싸우면,

父	母	憂	之
아비 부	어미 모	근심 우	이(갈) 지

 부모우지:부모님께서 이를 심히 걱정하신다.

見	善	從	之
볼 견	착할 선	좇을 종	이(갈) 지

 견선종지:착한 일을 보거든 이를 본받아 행하여 따르고,

NEW WORK BOOK

오늘의 명언

♡ 크나큰 고통이야 말로 정신의 최후의 해방자이다. 이 고통만이 어김없이 우리들을 최후의 깊이의 심연까지 이르게 한다.
F. W. 니체 / 화려한 지식

知	過	必	改
알 　 지	허물 　 과	반드시 　 필	고 칠 　 개

 지과필개 : 자신의 과실을 알면 반드시 이를 고쳐라.

言	行	相	違
말 씀 　 언	행할 　 행	서로 　 상	잘못 　 위

 언행상위 : 말과 행동이 서로 다르게 잘못을 범하면,

辱	及	于	先
욕 　 욕	미칠 　 급	어조사 　 우	먼 저 　 선

 욕급우선 : 그 욕됨이 자기 선조(先祖)에게까지 미친다.

NEW WORK BOOK

오늘의 명언
♡ 많은 고통이 부여되는 사람은 많은 고통을 견딜 수 있는 힘이 있기 때문이다.
표도르 미카엘로비치 / 러시아 소설가

我	身	能	善
나 아	몸 신	능할 능	착할 선

 아신능선 : 내 자신이 능히 착하게 행동하면,

譽	及	父	母
기릴 예	미칠 급	아비 부	어미 모

 예급부모 : 그 명예(名譽)가 부모님께도 미치게 된다.

夏	則	凉	枕
여름 하	곧 즉	서늘할 량	베개 침

 하즉양침 : 여름에는 부모님의 베개를 서늘하게 해 드리고,

NEW WORK BOOK

冬	則	溫	被
겨울 **동**	곧 **즉**	따뜻할 **온**	이불 **피**

 동즉온피 : 겨울에는 부모님이 덮으시는 이불을 따뜻하게 해 드려라.

若	得	美	果
만약 **약**	얻을 **득**	아름다울 **미**	과실 **과**

 약득미과 : 만약 맛있는 과실을 얻게 되거든 먼저 먹지 말고,

歸	獻	父	母
돌아올 **귀**	드릴 **헌**	아비 **부**	어미 **모**

 귀헌부모 : 집으로 가지고 돌아와서 그 과실을 부모님께 드리도록 하여라.

NEW WORK BOOK

오늘의 명언

♡ 공포는 미신의 주요 원천이며, 잔인성의 원천 중의 하나이다.
버트란트 러셀 / 영국 수학자

室	堂	有	塵
집 실	집 당	있을 유	티끌 진

 실당유진 : 집 안에 티끌이 있거든,

常	以	帚	掃
항상 상	써 이	비 추	쓸 소

 상이추소 : 항상 비로 쓸어서 깨끗하게 하여라.

暑	勿	蹇	衣
더울 서	말 물	걷을 건	옷 의

 서물건의 : 날씨가 덥다 하더라도 부모님 앞에서는 옷을 걷어 올리지 말것이며,

NEW WORK BOOK

亦	勿	揮	扇
또 역	말 물	휘두를 휘	부채 선

 역물휘선:또한 함부로 부채질을 하지도 말아라.

身	體	髮	膚
몸 신	몸 체	터럭 발	살갗 부

 신체발부:자기의 머리털과 피부, 곧 자신의 신체는,

受	之	父	母
받을 수	이(갈) 지	아비 부	어미 모

 수지부모:부모님으로부터 이어 받은 것이니,

NEW WORK BOOK

不	敢	毁	傷
아니 **불**	감히 **감**	헐 **훼**	상할 **상**

 불감훼상:몸을 상하지 않게 하는 것이야말로,

孝	之	始	也
효도 **효**	이(갈) **지**	비로소 **시**	어조사 **야**

 효지시야:바로 효도의 시작일 것이니라.

立	身	行	道
설 **립**	몸 **신**	행할 **행**	길 **도**

입신행도:출세하여 바른 일을 행하면,

NEW WORK BOOK

揚	名	後	世
날릴 **양**	이름 **명**	뒤 **후**	세대 **세**

 양명후세 : 이름을 후세에도 드날리게 되리라.

以	顯	父	母
써 **이**	나타날 **현**	아비 **부**	어미 **모**

 이현부모 : 그리하여 부모님의 명성을 빛나게 함이,

孝	之	終	也
효도 **효**	이(갈) **지**	마칠 **종**	어조사 **야**

해설 **효지종야** : 효도의 마침이니라.

NEW WORK BOOK

事	親	如	此
섬길 사	어버이 친	같을 여	이 차

 사친여차:부모님 섬기는 것이 이와 같다면,

可	謂	人	子
옳을 가	이를 위	사람 인	아들 자

 가위인자:가히 사람의 자식이라 말할 수 있을 것이요,

不	能	如	此
아니 불	능할 능	같을 여	이 차

 불능여차:이와 같이 하지 못하다면,

NEW WORK BOOK

禽	獸	無	異
날짐승 **금**	짐 승 **수**	없을 **무**	다 를 **이**

 금수무이 : 짐승과 다를 바 없느니라.

事	君	之	道
섬길 **사**	임금 **군**	이(갈) **지**	길 **도**

 사군지도 : 임금을 섬기는 도리(道理)도 역시,

與	父	一	體
더불어 **여**	아 비 **부**	한 **일**	몸 **체**

 여부일체 : 아버님을 섬기는 바와 같음이니라.

NEW WORK BOOK

使	臣	以	禮
부릴 사	신하 신	써 이	예도 례

 사신이례 : 임금은 신하를 예로써 다스려야 할것이요,

事	君	以	忠
섬길 사	임금 군	써 이	충성 충

 사군이충 : 신하는 임금을 충성(忠誠)으로써 섬겨야 할 것이다.

盡	己	謂	忠
다할 진	몸 기	이를 위	충성 충

 진기위충 : 전력을 다하여 보필함을 충(忠)이라 하고,

NEW WORK BOOK

以	實	謂	信
써 이	참될 실	이를 위	믿을 신

 이실위신 : 성실(誠實)로 대하는 것을 신의(信義)라 한다.

人	不	忠	信
사람 인	아니 불	충성 충	믿을 신

 인불충신 : 사람이 충성(忠誠)과 신의(信義)가 없다면,

何	謂	人	乎
어찌 하	이를 위	사람 인	어조사 호

 하위인호 : 어찌 사람이라 일컬을 수 있으리오.

NEW WORK BOOK

修	身	齊	家
닦을 **수**	몸 **신**	가지런할 **제**	집 **가**

 수신제가:자신(自身)을 수양(收養)하고 집안을 잘 다스리는 것은

治	國	之	本
다스릴 **치**	나라 **국**	이(갈) **지**	근본 **본**

 치국지본:바로 나라를 다스리는 근본이요.

士	農	工	商
선비 **사**	농사 **농**	장인 **공**	장사 **상**

 사농공상:선비와 농부(農夫) 그리고 공인과 상인은,

NEW WORK BOOK

사자소학

德	崇	業	廣
큰 덕	높일 숭	업 업	넓을 광

 덕숭업광 : 덕을 높이 여길수록 사업이 번창하여질 것이니라.

夫	婦	之	道
지아비 부	지어미 부	이(갈) 지	길 도

 부부지도 : 남편과 아내의 도리(道理)라는 것은,

異	姓	之	合
다를 이	성 성	이(갈) 지	합할 합

 이성지합 : 서로 다른 이성과의 결합으로,

NEW WORK BOOK

오늘의 명언
♡ 게으른 자에게는 모든 것이 어려우나, 근면한 자에게는 모든 것이 쉬워진다.
벤자민 프랭클린 / 미국 정치가, 발명가

夫	道	剛	直
사 내 **부**	길 **도**	군 셀 **강**	곧 을 **직**

 부도강직 : 남편의 도는 굳세고 의젓해야 하고,

婦	德	柔	順
지 어 미 **부**	큰 **덕**	부드러울 **유**	순 할 **순**

 부덕유순 : 아내의 덕은 부드럽고 온순해야 하며,

愛	之	敬	之
사 랑 **애**	이 (갈) **지**	공경할 **경**	이 (갈) **지**

 애지경지 : 서로를 사랑하고 공경하는 것이,

NEW WORK BOOK

오늘의 명언

♡ 부지런한 사람은 만물을 화하여 황금으로 만들고, 무형의 시간까지도 이를 황금으로 변화시킨다.
제이 프랭클린 / 미국 작가

夫	婦	之	禮
사내　부	지어미　부	이(갈)　지	예도　례

 부부지례 :부부간의 예의(禮儀)이다.

夫	唱	婦	隨
사내　부	부를　창	지어미　부	따를　수

 부창부수 :남편이 계획하고 아내는 이에 따르면,

家	道	成	矣
집　가	길　도	이룰　성	어조사　의

 가도성의 :집안의 질서가 잘 이루어질 것이다.

NEW WORK BOOK

오늘의 명언
♡ 잠자리에까지 근심을 가져가는 것은 등에 진 짐을 지고 자는 격이다.
토마스 C. 헬리버튼 / 캐나다 해학가

貧	窮	患	難
가난할 **빈**	궁할 **궁**	근심 **환**	어려울 **난**

 빈궁환난：궁색한 가난과 우환과 재난에 처한 사람이 있을 경우에는

親	戚	相	救
친척 **친**	겨레 **척**	서로 **상**	구할 **구**

 친척상구：일가 친척끼리 서로 구원하여 면할 수 있도록 도와라.

婚	姻	喪	死
혼인할 **혼**	혼인 **인**	복입을 **상**	죽을 **사**

 혼인상사：이웃 사람 중에 혼인 또는, 초상이 나거나 하면,

오늘의 명언
♡ 남에 의해서 보다는 자기 자신에 의해서 더 혹독스럽게 기만을 당해보지 않은 사람은 없다.
그레빌 경 / 영국 시인

NEW WORK BOOK

隣	保	相	助
이웃 린	보호할 보	서로 상	도울 조

 인보상조 : 이웃끼리 서로 도와주도록 하여라.

兄	弟	姉	妹
맏 형	아우 제	누이 자	손아래누이 매

 형제자매 : 형제 자매, 곧 동기간끼리는,

友	愛	而	已
벗 우	사랑 애	말이을 이	이미 이

 우애이이 : 서로 우애하고 위하여라.

NEW WORK BOOK

骨	肉	雖	分
뼈 골	고기 육	비록 수	나눌 분

 골육수분 : 동기간은 뼈와 살이 서로 떨어져 있지만,

本	生	一	氣
근본 본	날 생	한 일	기운 기

 본생일기 : 원래는 하나의 같은 기에서 생겨 났음이니라.

形	體	雖	各
형상 형	몸 체	비록 수	각각 각

 형체수각 : 형태(形態)나 몸은 비록 각각 다르다 하나,

NEW WORK BOOK

素	受	一	血
본디 소	받을 수	한 일	피 혈

 소수일혈 : 본디는 부모님의 한 핏줄기를 이어받은 것이니라.

比	之	於	木
견줄 비	이(갈) 지	어조사 어	나무 목

 비지어목 : 이를 나무에 비유한다면,

同	根	異	枝
한가지 동	뿌리 근	다를 이	가지 지

 동근이지 : 한 뿌리에서 자라나는 각각 다른 가지들과 같음이니라.

NEW WORK BOOK

比	之	於	水
견줄 **비**	이(갈) **지**	어조사 **어**	물 **수**

 비지어수：이를 또한 물에 비유한다면,

同	源	異	流
한가지 **동**	근원 **원**	다를 **이**	흐를 **류**

 동원이류：같은 수원에서 흐르다, 각각 다른 줄기로 흐름과 같다.

兄	友	弟	恭
맏 **형**	벗 **우**	아우 **제**	공손할 **공**

 형우제공：형은 아우를 사랑하고 아우는 형을 공손히 받들고,

NEW WORK BOOK

오늘의 명언
♡ 참된 노고는 남의 눈에 띠지 않는 것이다. 남의 눈에 띠는 노고는 허영심만 있으면 편하게 된다.
둑드라 F. / 로슈푸코

不	敢	怒	怨
아 니 **불**	감 히 **감**	성 낼 **노**	원망할 **원**

 불감노원 : 감히 서로 성내거나, 서로 원망하여서는 아니된다.

私	其	衣	食
사 사 **사**	그 **기**	옷 **의**	먹을 **식**

 사기의식 : 형제 사이에 그 의복과 음식을 나누어 입고 먹을 줄 모르면,

夷	狄	之	徒
오랑캐 **이**	오랑캐 **적**	이(갈) **지**	무 리 **도**

 이적지도 : 오랑캐들의 무리와 같음이니라.

오늘의 명언

♡ 어떤 분야에서의 탁월함이든 그것은 단지 일생에 걸친 노동을 통해서만 얻을 수 있다. 그것은 이보다 더 싼 가격에 살 수 없다.
사무엘 죤슨 / 영국 저술가

NEW WORK BOOK

兄	有	過	失
맏 형	있을 유	허물 과	잃을 실

 형유과실 : 혹 형에게 과실이 있을지라도

和	氣	以	諫
화할 화	기운 기	써 이	간할 간

 화기이간 : 아우는 온화한 기색으로써 이르 바르게 간하여라.

弟	有	過	誤
아우 제	있을 유	허물 과	그르칠 오

 제유과오 : 또는 아우에게 과오가 있을 때에는

NEW WORK BOOK

怡 聲 以 訓

| 기쁠 이 | 소리 성 | 써 이 | 가르칠 훈 |

 이성이훈 : 형은 부드럽고 다정스러운 말로써 훈계(訓戒)하여야 한다.

兄 弟 有 疾

| 맏 형 | 아우 제 | 있을 유 | 병 질 |

 형제유질 : 형제 중에 질병(疾病)이 있을 경우에는,

憫 而 思 救

| 불쌍히여길 민 | 말이을 이 | 생각할 사 | 구할 구 |

 민이사구 : 이를 가엾이 여겨 구해 줄 생각을 해야 한다.

NEW WORK BOOK

兄	弟	有	惡
맏 **형**	아우 **제**	있을 **유**	악할 **악**

 형제유악:형제 중에 좋지 못한 일이 있거든,

隱	而	勿	視
숨을 **은**	말이을 **이**	말 **물**	볼 **시**

 은이물시:외면하거나 근심한 체 하며 보고만 있지말고,

率	先	垂	範
거느릴 **솔**	먼저 **선**	드리울 **수**	모범 **범**

 솔선수범:스스로 앞장서서 우애를 몸소 실천하여 보이면,

NEW WORK BOOK

오늘의 명언
♡ 족함을 모르는 사람은 부유하더라도 가난하고, 족함을 아는 사람은 가난하더라도 부유하다.
석 가

兄　弟　亦　效

맏　　　형	아우　　제	또　　　역	본받을　효

 형제역효:형제들도 이를 또한 본받을 것이다.

我　有　憂　患

나　　　아	있을　　유	근심　　우	근심　　환

 아유우환:나에게 근심과 걱정이 다가온다면,

兄　弟　亦　憂

맏　　　형	아우　　제	또　　　역	근심　　우

 형제역우:형제들도 역시 같이 걱정할 것이다.

NEW WORK BOOK

오늘의 명언

♡ 깜박거리는 한 점의 불티가 능히 넓고 넓은 숲을 태우고, 반 마디 그릇된 말이 평생의 덕을 허물어뜨린다.
고종 황제

我	有	歡	樂
나 아	있을 유	기뻐할 환	즐길 락

 아유환락 : 나에게 기쁜 일과 즐거운 일이 있다면,

姉	妹	亦	樂
누이 자	손아래누이 매	또 역	즐길 락

 자매역락 : 자매들 또한 같이 즐거워할 것이다.

雖	有	他	親
비록 수	있을 유	다를 타	친할 친

 수유타친 : 아무리 절친한 사람이 있다 하더라도,

NEW WORK BOOK

豈	能	如	此
어찌 기	능할 능	같을 여	이 차

 기능여차 : 어찌 이 형제의 우애를 능가할 수 있으리오.

我	事	人	親
나 아	섬길 사	사람 인	가까울 친

 아사인친 : 내가 남을 친절하게 대한다면,

人	事	我	親
사람 인	섬길 사	나 아	가까울 친

 인사아친 : 남도 나를 친절히 대해 줄 것이다.

NEW WORK BOOK

長	者	慈	幼
어른 장	놈 자	사랑 자	어릴 유

 장자자유 : 어른은 어린아이를 사랑하고,

幼	者	敬	長
어릴 유	놈 자	공경할 경	어른 장

 유자경장 : 어린아이는 어른을 공경해야 한다.

長	者	賜	果
어른 장	놈 자	줄 사	과실 과

해설 **장자사과** : 어른이 과일을 먹으라고 주시거든,

오늘의 명언

♡ 젖먹이를 안고 있는 어머니같이 보기에 사랑스러운 것은 없고, 많은 아이들에게 둘러싸인 어머니같이 경애심을 불러일으키는 것은 없다.
요한 볼프강 폰 괴테

核	子	在	手
씨 핵	아들 자	있을 재	손 수

 핵자재수 : 먹고 난 후 씨는 아무데나 버리지 말고 손에 가지고 있어야 한다.

人	之	處	世
사람 인	이 (갈) 지	살 (곳) 처	세상 세

 인지처세 : 사람이 이 세상을 살아가면서

不	可	無	友
아니 불	옳을 가	없을 무	벗 우

 불가무우 : 벗이 없어서는 아니되고,

NEW WORK BOOK

擇	友	交	之
가릴 **택**	벗 **우**	사귈 **교**	이(갈) **지**

 택우교지 : 벗은 가려서 사귀어야 한다.

有	所	補	益
있을 **유**	바 **소**	도울 **보**	더할 **익**

 유소보익 : 그래야 본받을 바가 있어 유익할 것이다.

友	其	德	也
벗 **우**	그 **기**	큰 **덕**	어조사 **야**

해설 우기덕야 : 벗은 덕으로써 사귀어야 하며,

NEW WORK BOOK

不	可	有	挾
아니 불	옳을 가	있을 유	가질 협

 불가유협 : 그런 벗이 있을지라도 자만한 행동이 있어서는 아니된다.

友	其	正	人
벗 우	그 기	바를 정	사람 인

 우기정인 : 벗이 만일 정직한 사람이라면,

我	亦	自	正
나 아	또 역	스스로 자	바를 정

 아역자정 : 나 또한 스스로 정직한 사람이 될 것이나,

사자소학

NEW WORK BOOK

從	遊	邪	人
좇을 종	놀 유	간사할 사	사람 인

 종유사인 : 바르지 못한 친구와 어울리면,

予	亦	自	邪
나 (줄) 여	또 역	스스로 자	간사할 사

 여역자사 : 자신도 역시 모르는 사이 사악한 사람이 될 것이다.

近	墨	者	黑
가까울 근	먹 묵	놈 자	검을 흑

 근묵자흑 : 먹을 가까이 하는 사람은 먹이 묻어 검어지고,

NEW WORK BOOK

近	朱	者	赤
가까울 근	붉을 주	놈 자	붉을 적

 근주자적 : 주묵(朱墨)을 가까이 하는 사람은 붉은 색이 된다.

蓬	生	麻	中
쑥 봉	날 생	삼 마	가운데 중

 봉생마중 : 쑥이 삼밭에 자라면,

不	扶	自	直
아니 불	도울 부	스스로 자	곧을 직

 불부지직 : 붙들어매지 않더라도 저절로 곧아진다.

NEW WORK BOOK

오늘의 명언

♡ 열등한 자들은 동등해지기 위해서 반란을 일으키고, 우수한 인간이 되기 위해 평등을 구한다.
아리스토텔레스 / 정치학

白	沙	在	泥
흰　백	모새　사	있을　재	진흙　니

 백자재니 : 흰 모래가 진흙에 섞여 있으면,

不	染	自	陋
아니　불	물들일　염	스스로　자	더러울　루

 불염자루 : 물들지 않더라도 저절로 더러워진다.

居	必	擇	隣
살　거	반드시　필	가릴　택	이웃　린

 거필택린 : 필히, 이웃을 가리어 거처를 정하고,

오늘의 명언

♡ 현명한 사람은 말하기 전에 반성한다. 그러나 바보는 말을 하고 나서야 그가 한 말을 되돌아 본다.
아베 드 릴르 / 프랑스 시인

NEW WORK BOOK

就	必	有	德
나아갈 **취**	반드시 **필**	있을 **유**	큰 **덕**

 취필유덕 : 나아길 때는 반드시 덕있는 사람에게 가라.

哀	慶	相	問
슬플 **애**	경사 **경**	서로 **상**	물을 **문**

 애경상문 : 슬픈 일이나 경사스러운 일에 서로 찾아보는 것은,

美	風	良	俗
아름다울 **미**	바람 **풍**	어질 **량**	풍속 **풍**

 미풍양속 : 아름답고 좋은 풍속이다.

NEW WORK BOOK

不	責	我	身
아 니 　 불	꾸짖을 　 책	나 　 아	몸 　 신

 불책아신 : 내 자신의 잘못을 보고도 책망하여 주는 사람이 아니라면,

諂	諛	之	人
아첨할 　 첨	아첨할 　 유	이 (갈) 　 지	사 람 　 인

 첨유지인 : 참다운 사람이 아니라 아첨꾼에 지나지 않는다.

面	責	我	過
낮 　 면	꾸짖을 　 책	나 　 아	허 물 　 과

 면책아과 : 나의 허물을 면전에서 꾸짖어 줄 수 있는 사람이라면,

NEW WORK BOOK

오늘의 명언

♡ 올바른 것을 배우기 보다
도 올바른 일을 행하는 편이
훨씬 낫다.

탈무드

剛	直	之	人
굳셀 강	곧을 직	이 (갈) 지	사 람 인

 강직지인 : 이 사람이야 말로 진실로 굳고 곧은 사람이다.

朋	友	責	善
벗 붕	벗 우	권할 책	착할 선

 봉우책선 : 벗에게 착한 언행(言行)을 하도록 권한다면,

以	友	補	仁
써 이	벗 우	기울 보	어질 인

 이우보인 : 벗에게 인덕(人德)을 채워 주는 길이 된 것이다.

NEW WORK BOOK

厭	人	責	者
싫을 **염**	사람 **인**	꾸짖을 **책**	놈 **자**

 염인책자 : 남의 책망을 싫어 하는 사람이라면,

其	行	無	進
그 **기**	행할 **행**	없을 **무**	나아갈 **진**

 기행무진 : 그 행동에 있어 아무런 진보가 없다.

人	無	責	友
사람 **인**	없을 **무**	꾸짖을 **책**	벗 **우**

 인무책우 : 사람이 잘못을 꾸짖어 주는 친구가 없다면,

NEW WORK BOOK

오늘의 명언

♡ 그대는 말이나 행동을 하기 전에 두 번 생각하라. 그러면 더욱 현명하게 말하고 행동하게 되리라.
벤자민 프랭클린/ 미국 발명가

易	陷	不	義
쉬울 **이**	빠질 **함**	아니 **불**	옳을 **의**

 이함불의 : 자신도 모르게 불의(不義)에 빠지기 쉽다.

多	友	之	人
많을 **다**	벗 **우**	이(갈) **지**	사람 **인**

 다우지인 : 많은 참다운 벗을 사귀고 있는 사람이라면,

當	事	無	誤
마땅할 **당**	일 **사**	없을 **무**	그르칠 **오**

 당사무오 : 마땅히 일을 그르치는 일이 없을 것이다.

NEW WORK BOOK

知	心	而	交
알 지	마음 심	말이을 이	사귈 교

 지심이교 : 서로 상대의 마음을 알고 사귀려면,

易	與	面	交
말 물	더불어 여	낯 면	사귈 교

 물여면교 : 겉으로나 형식적으로 사귀어서는 아니된다.

彼	不	大	怒
저 피	아니 불	큰 대	성낼 노

 피불대노 : 나에게는 크게 화내지 않으려고 조심하는 것은

NEW WORK BOOK

反	有	我	害
돌이킬 **반**	있을 **유**	나 **아**	해칠 **해**

 반유아해 : 도리어 나에게는 해가 된다.

我	益	我	害
나 **아**	더할 **익**	나 **아**	해칠 **해**

 아익아해 : 나에게 이익이 되거나, 손해가 되거나 하는 것은,

惟	在	我	矣
오직 **유**	있을 **재**	나 **아**	어조사 **의**

 유재아의 : 오직 나 자신이 하기 나름에 있다.

NEW WORK BOOK

오늘의 명언

♡ 지혜는 다음에 해야할 일을 알고 있고, 미덕은 다음에 해야할 일을 미리 행하고 있는 것이다.
　　J. 죠단 / 절마의 철학

内	疎	外	親
안 내	섬길 소	바깥 외	친할 친

 내소외친 : 안으로 탐탁치 않게 생각하면서, 겉으로는 친한 척하면,

是	謂	不	信
이 시	이를 위	아니 불	믿을 신

 시위불신 : 이것을 불신이라 이른다.

行	不	如	言
다닐 행	아니 불	같을 여	말씀 언

 행불여언 : 행동이 말과 같지 않는다면,

NEW WORK BOOK

亦	曰	不	信
또 역	가로 왈	아니 불	믿을 신

 역왈불신 : 이 또한 불신이라고 말할 수 있다.

欲	爲	君	子
하고자할 욕	위할(될) 위	임금 군	아들 자

 욕위군자 : 군자가 되고자 한다면,

何	不	行	此
어찌 하	아니 불	행할 행	이 차

 하불행차 : 어찌 이와 같음을 행하지 않을 수 있겠는가?

NEW WORK BOOK

孔	孟	之	道
구 멍 　 공	맏 　 맹	이(갈) 　 지	길 　 도

 공맹지도 : 공자·맹자의 도(道:가르침)는

程	朱	之	學
법 　 정	붉을 　 주	이(갈) 　 지	배울 　 학

 정주지학 : 또는, 정자·주자의 학문(學問)은,

正	其	誼	而
바를 　 정	그 　 기	옳을 　 의	말이을 　 이

 정기의이 : 그 인의(人義)를 바르게 하면서도,

NEW WORK BOOK

오늘의 명언
♡ 경제적으로 올바른 것은 도덕적으로 올바르다. 그리하여 좋은 경제와 도덕 사이에 모순은 있을 수 없다.
H. 포드

不	謀	其	利
아 니 불	꾀할 모	그 기	이로울 리

 불모기리 : 그 이(利)만은 결코 꾀하지 아니하였다.

明	其	道	而
밝을 명	그 기	길 도	말이을 이

 명기도이 : 공맹지도와 정주지학은 그 도리(道理)를 밝히면서도

不	計	其	功
아 니 불	꾀할 계	그 기	공 공

 불계기공 : 그 공은 결코 꾀하지 않았다.

NEW WORK BOOK

飽	食	煖	衣
배부를 포	먹을 식	따뜻할 난	옷 의

 포식난의 : 배불리 먹고 따뜻한 옷을 입으면서도,

逸	居	無	敎
편안할 일	살 거	없을 무	가르칠 교

 일거무교 : 안일하게 살고 있을 뿐 배움이 없다면,

卽	近	禽	獸
곧 즉	가까울 근	날짐승 금	짐승 수

해설 즉근금수 : 곧 짐승과 가까운 것이니,

NEW WORK BOOK

聖	人	憂	之
성인 **성**	사람 **인**	근심 **우**	이(갈) **지**

 성인우지 : 성인은 이를 우려함이다.

作	事	謀	始
지을 **작**	일 **사**	꾀할 **모**	비로소 **시**

 작사모시 : 일을 하려고 할 때에는 먼저 계획을 세우고

出	言	顧	行
날 **출**	말씀 **언**	돌아볼 **고**	행할 **행**

 출언고행 : 말을 하려거든 먼저 행실(行實)을 되돌아보라.

NEW WORK BOOK

常	德	固	持
항상 **상**	큰 **덕**	굳을 **고**	가질 **지**

 상덕고지 : 항상 덕을 굳게 지켜 동요함이 없어야 하며,

然	諾	重	應
그럴 **연**	대답할 **낙**	무거울 **중**	응할 **응**

 연낙중응 : 대답은 경솔하게 응낙(應諾) 해서는 아니된다.

紙	筆	墨	硯
종이 **지**	붓 **필**	먹 **묵**	벼루 **연**

 지필묵연 : 종이와 붓, 그리고 먹과 벼루는,

NEW WORK BOOK

文	房	四	友
글월 **문**	방 **방**	넉(넷) **사**	벗 **우**

 문방사우: 글방의 네 벗이다.

晝	耕	夜	讀
낮 **주**	밭갈 **경**	밤 **야**	읽을 **독**

 주경야독: 낮에는 밭갈고, 밤에는 글을 읽어,

盡	事	待	命
다할 **진**	일 **사**	기다릴 **대**	목숨 **명**

 진사대명: 사람으로서 해야 할 일을 다하고 천명(天命)을 기다려라

NEW WORK BOOK

元	亨	利	貞
으뜸 **원**	형통할 **형**	이로울 **리**	곧을 **정**

 원형이정 : 원(인:仁)·형(예:禮)·이(의:義)·정(지:智)은

天	道	之	常
하늘 **천**	길 **도**	이(갈) **지**	항상 **상**

 천도지상 : 하늘 또는 땅사이의 변하지 않는 도리이며,

仁	義	禮	智
어질 **인**	옳을 **의**	예도 **례**	슬기 **지**

 인의예지 : 어질고, 의롭고, 예의바르고, 지혜로움은,

NEW WORK BOOK

人	性	之	綱
사람 **인**	성품 **성**	이(갈) **지**	벼리 **강**

 인성지강 : 인간 성품(性品)의 강기(綱紀)이다.

禮	義	廉	恥
예도 **례**	옳을 **의**	청렴할 **렴**	부끄러울 **치**

 예의염치 : 사람이 행해야 할 네가지 도는, 예(禮)·의(義)·염(廉)·치(恥)로,

是	謂	四	維
이 **시**	이를 **위**	넉 **사**	벼리 **유**

 시위사유 : 이를 일러 사유(四維)라고 한다.

오늘의 명언

♡ 자기의 결점을 고칠 수 없다해도 자기를 발전시키는 노력을 중지해서는 안된다.
탈무드

積	德	之	家
쌓을　적	큰　덕	이(갈)　지	집　가

 적덕지가 : 덕을 쌓아가는 집안에는,

必	有	餘	慶
반드시　필	있을　유	남을　여	경사　경

 필유여경 : 반드시 그 경사스러움이 자손까지 미칠것이며,

積	惡	之	家
쌓을　적	악할　악	이(갈)　지	집　가

 적악지가 : 악을 쌓아가는 집안은

NEW WORK BOOK

必	有	餘	殃
반드시 필	있을 유	남을 여	재앙 앙

 필유여앙 : 반드시 그 재앙이 자손에까지 미칠 것이다.

君	爲	臣	綱
임금 군	할 위	신하 신	벼리 강

 군위신강 : 신하는 임금을 섬기는 것을 근본으로 하고,

父	爲	子	綱
아비 부	할 위	아들 자	벼리 강

 부위자강 : 아들은 아버지를 섬김이 근본이며,

NEW WORK BOOK

夫 爲 婦 綱

| 사 내 **부** | 할 **위** | 지어미 **부** | 벼 리 **강** |

 부위부강: 아내는 남편을 섬김이 근본이다.

是 謂 三 綱

| 이 **시** | 이 를 **위** | 석(셋) **삼** | 벼 리 **강** |

 시위삼강: 이 세 가지를 삼강(三綱)이라 한다.

父 子 有 親

| 아 비 **부** | 아 들 **자** | 있 을 **유** | 친 할 **친** |

 부자유친: 아버지와 아들은 친함이 있어야 하고,

NEW WORK BOOK

君	臣	有	義
임금 군	신하 신	있을 유	옳을 의

 군신유의 : 임금과 신하 사이에는 의가 있어야 하며,

夫	婦	有	別
사내 부	지어미 부	있을 유	다를 별

 부부유별 : 남편과 아내 사이에는 분별이 있어야 하며,

長	幼	有	序
어른 장	어릴 유	있을 유	차례 서

 장유유서 : 어른과 어린이 사이에는 차례가 있어야 하며,

NEW WORK BOOK

사자소학

朋	友	有	信
벗 붕	벗 우	있을 유	믿을 신

 붕우유신 : 벗과 벗 사이에는 신의가 있어야 한다.

是	謂	五	倫
이 시	이를 위	다섯 오	인륜 륜

 시위오륜 : 이것을 오륜, 곧 사람으로서 행해야 하는 5가지 상도(常道)라 하는 것이다.

視	思	必	明
볼 시	생각 사	반드시 필	밝을 명

 시사필명 : 볼 때에는 반드시 분명히 보고 생각해야 하며,

사자소학

NEW WORK BOOK

聽	思	必	聰
들을 청	생각 사	반드시 필	귀밝을 총

 청사필총 : 들을 때에는 반드시 똑똑히 들을 것을 생각하며,

色	思	必	溫
빛 색	생각 사	반드시 필	따뜻할 온

 색사필온 : 얼굴빛은 반드시 온화하게 나타낼 것을 생각하며,

貌	思	必	恭
모양 모	생각할 사	반드시 필	공손할 공

 모사필공 : 거동은 반드시 공손(恭遜)히 할 것을 생각하며,

NEW WORK BOOK

言	思	必	忠
말 씀　언	생각할　**사**	반드시　**필**	충 성　　**충**

 언사필충 : 말에 있어서는 반드시 충직할 것을 생각하고,

事	思	必	敬
일　　　**사**	생각할　**사**	반드시　**필**	공경할　**경**

 사사필경 : 일에는 반드시 신중할 것을 생각해야 하며,

疑	思	必	問
의심할　**의**	생각할　**사**	반드시　**필**	물 을　　**문**

 의사필문 : 의문이 있거든 반드시 물을 것을 생각하고,

NEW WORK BOOK

忿	思	必	難
분 할 분	생각할 사	반드시 필	어려울 난

 분사필난 : 분한 일이 있거든 반드시 난처(難處)하게 될 것을 생각하고,

見	得	思	義
볼 견	얻을 득	생각할 사	옳을 의

 견득사의 : 이득(利得)을 보게 되거든 반드시 의리(義理)를 생각하여야 하는 것으로,

是	謂	九	思
이 시	이를 위	아홉 구	생각할 사

 시위구사 : 이 사명(思明)·사총(思聰)·사온(思溫)·사공(思恭)·사충(思忠)·사경(思敬)·사문(思問)·사난(思難)·사의(思義)를 구사(九思)라 일컫는다.

NEW WORK BOOK

足	容	必	重
발 족	얼굴 용	반드시 필	무거울 중

 족용필중 : 걸음걸이는 반드시 무게가 있어야 하며,

手	容	必	恭
손 수	얼굴 용	반드시 필	공손할 공

 수용필공 : 손 동작은 반드시 공손하여야 하며,

頭	容	必	直
머리 두	얼굴 용	반드시 필	곧을 직

 두용필직 : 머리의 생각은 반드시 곧아야 하고,

目	容	必	端
눈 목	얼굴 용	반드시 필	끝 단

 목용필단 : 눈 가짐은 반드시 단정(端正)하여야 하며,

口	容	必	止
입 구	얼굴 용	반드시 필	그 칠 지

 구용필지 : 입은 반드시 듬직해야 하며,

聲	容	必	靜
소 리 성	얼굴 용	반드시 필	고요할 정

 성용필정 : 소리 낼 때는 반드시 조용히 하여야 하고,

NEW WORK BOOK

氣	容	必	肅
기 운　　기	얼 굴　　용	반 드 시　　필	엄숙할　　숙

 기용필숙: 숨쉼은 반드시 고르고 정숙(靜肅)하여야 하며,

立	容	必	德
설　　립	얼 굴　　용	반 드 시　　필	큰　　덕

 입용필덕: 서 있는 자세는 반드시 바르고 의젓해야 하고,

色	容	必	莊
빛　　색	얼 굴　　용	반 드 시　　필	장중할　　장

 색용필장: 얼굴빛은 반드시 엄숙하고 단정하여야 한다.

사자소학

NEW WORK BOOK

是	謂	九	容
이 **시**	이를 **위**	아홉 **구**	얼굴 **용**

 시위구용：이 9가지 몸가짐을 군자(君子)로서의 행해야 할 구용(九容)이라 이른다.

事	師	如	親
섬길 **사**	스승 **사**	같을 **여**	어버이 **친**

 사사여친：스승 섬기기를 부모와 같이 하고,

必	恭	必	敬
반드시 **필**	공손할 **공**	반드시 **필**	공경할 **경**

 필공필경：반드시 공손(恭遜)하게, 또 반드시 존경(尊敬)하여라.

不	教	不	明
아 니 　 불	가르칠 　 교	아 니 　 불	밝을 　 명

 불교불명 : 스승으로부터 가르침을 받지 않아서 내가 명철(明哲)하지 않다면,

不	知	何	行
아 니 　 부	알 　 지	어 찌 　 하	행할 　 행

 부지하행 : 사리(事理)를 알지 못하니 무엇을 어떻게 행하겠는가.

能	孝	能	悌
능할 　 능	효도 　 효	능할 　 능	공손할 　 제

 능효능제 : 부모님께 효도할 수 있고 웃어른을 공경할 수 있는 것은

NEW WORK BOOK

莫	非	師	恩
아닐 막	아닐 비	스승 사	은혜 은

 막비사은 : 스승의 은혜가 아닌 것이 없고,

能	和	能	信
능할 능	화할 화	능할 능	믿을 신

 능화능신 : 화목(和睦)할 수 있고 신의(信義)를 지킬 수 있는 것 또한,

摠	是	師	功
거느릴 총	이 시	스승 사	공 공

 총시사공 : 그 모두가 스승의 공이다.

三	綱	五	倫
석　삼	벼리　강	다섯　오	인륜　륜

 삼강오륜 : 사람으로서 반드시 지켜야 할 삼강과 오륜을 아는 것도,

惟	師	敎	之
오직　유	스승　사	가르칠　교	이(갈)　지

 유사교지 : 오직 스승께서 가르쳐 주신 은덕이요,

非	爾	自	行
아닐　비	너　이	스스로　자	다닐　행

 비이자행 : 네 스스로의 행실이 잘못된 것이 있다면,

NEW WORK BOOK

惟	師	導	之
오직 유	스승 사	인도할 도	이 (갈) 지

 유사도지 : 스승만이 인도(引導)할 수 있을 것이니라.

其	恩	其	德
그 기	은혜 은	그 기	큰 덕

 기은기덕 : 그 크나큰 은혜와 그 인자하신 덕이야말로,

亦	如	天	地
또 역	같을 여	하늘 천	땅 지

 역여천지 : 하늘과 같이 높고, 땅과 같이 넓은 것이니라.

NEW WORK BOOK

欲	孝	父	母
하고자할 욕	효도 효	아비 부	어미 모

 욕효부모 : 부모님께 효도하고자 하면서,

何	不	敬	師
어찌 하	아니 불	공경할 경	스승 사

 하불경사 : 어찌 스승을 공경(恭敬)하지 않을 수 있으리오.

報	恩	以	力
갚을 보	은혜 은	써 이	힘 력

 보은이력 : 은혜를 갚고자 애씀이,

NEW WORK BOOK

人	之	道	也
사람 인	이(갈) 지	길 도	어조사 야

 인지도야 : 사람의 도리(道理)일진데,

師	有	疾	病
스승 사	있을 유	병 질	병 병

해설 사유질병 : 스승님께서 아픈 곳이 있으시면,

卽	必	藥	之
곧 즉	반드시 필	약 약	이(갈) 지

 즉필약지 : 곧바로, 반드시 스승님께 약을 탕제해 드리고,

NEW WORK BOOK

問	爾	童	子
물을 문	너 이	아이 동	아들 자

 문이동자 : 너의 어린 자식들에게 물어,

或	忘	師	德
혹 혹	잊을 망	스승 사	큰 덕

 **혹망사덕** : 혹, 스승의 은덕을 잊지나 않았나 살펴 보아라.

莫	以	不	見
아닐 막	써 이	아닐 불	나타날 현

 막이불현 : 앞 길이 나타나지 않는다고 하여,

NEW WORK BOOK

敢	邪	此	心
감히 감	간사할 사	이 차	마음 심

 감사차심 : 감히 마음을 바르지 않게 갖지 말라.

觀	此	書	字
볼 관	이 차	글 서	글자 자

 관차서자 : 이 사자소학(四字小學)을 깨우친 자로써

何	忍	不	孝
어찌 하	참을 인	아니 불	효도 효

 하인불효 : 어찌 참지 못하고 불효한 마음을 갖을 수 있단 말이오.

必須入試故事成語

苛斂誅求 가렴주구 : 조세 등을 가혹하게 징수하고 물건을 청구하여 국민을 괴롭히는 일.

刻骨難忘 각골난망 : 은혜를 마음속 깊이 새겨 잊지 않음.

各自圖生 각자도생 : 제각기 다른 자기생활을 도모함.

刻舟求劍 각주구검 : 판단력이 둔하여 세상일에 어둡고 어리석음을 이르는 말.

甘言利說 감언이설 : 남에게 비위를 맞혀 달콤한 말과 이로운 조건을 거짓으로 붙여 꾀는 말.

改過遷善 개과천선 : 잘못된 점을 고치어 착하게 됨.

蓋世之才 개세지재 : 세상을 수월히 다스릴 만한 뛰어난 재기(才氣)

乾坤一擲 건곤일척 : 운명과 흥망을 걸고 한 판으로 승부나 성패를 겨룸.

牽强附會 견강부회 : 이론이나 이유등을 자기 쪽이 유리하도록 끌어 붙임.

見利思義 견리사의 : 눈앞에 이익이 보일 때만 의리를 생각하는 것.

犬馬之勞 견마지로 : 나라에 충성을 다해 애쓰는 노력.

見物生心 견물생심 : 물건을 보고 욕심이 생김.

見危授命 견위수명 : 재물이나 나라가 위태로울때 목숨을 아끼지 않고 나라를 위하여 싸움.

結草報恩 결초보은 : 죽어서 혼령이 되어도 그 은혜를 잊지 않고 갚는다는 말.

謙讓之德 겸양지덕 : 겸손하고 사양하는 아름다운 덕성.

輕擧妄動 경거망동 : 경솔하고 망녕된 행동.

傾國之色 경국지색 : 군왕이 혹하여 나라가 뒤집혀도 모를 만한 미인. 곧 나라 안에 으뜸가는 미인 (비) 경성지미 (傾城之美)

敬而遠之 경이원지 : ① 겉으로는 공경하는 척하나 속으로는 멀리함. ② 존경하기는 하되 가까이하지 아니함. (준) 敬遠(경원).

經天緯地 경천위지 : 천하를 경륜하여 온전히 다스림.

鷄口牛後 계구우후 : 닭의 부리와 소의 꼬리라는 말로, 큰 단체의 꼴찌보다는 작은 단체의 우두머리가 되라는 뜻.

鷄卵有骨 계란유골 : 달걀에도 뼈가 있다는 뜻으로, 공교롭게 일이 방해됨을 이르는 말.

孤軍奮鬪 고군분투 : 약한 힘으로 누구의 도움도 없이 힘에 겨운 일을 해나감.

高峰峻嶺 고봉준령 : 높이 솟은 산봉우리와 험준한 산마루.

孤掌難鳴 고장난명 : 「외손뼉이 우랴」라는 뜻으로, 혼자 힘으로는 일이 잘 안됨을 비유하는 말.

苦盡甘來 고진감래 : 쓴 것이 다하면 단 것이 온다는 고사로써 곧 고생이 끝나면 영화가 온다는 말. (반) 興盡悲來 (흥진비래)

骨肉相殘 골육상잔 : 뼈와 살이 서로 싸운다는 말로 동족끼리 서로 싸움을 비유함.

公卿大夫 공경대부 : 삼공(三公)과 구경(九卿) 등 벼슬이 높은 사람들.

誇大妄想 과대망상 : 무리하게 과장된 것을 믿는 망령된 생각.

過猶不及 과유불급 : 어떤사물이 정도를 지나침은 도리어 미치지 못한 것과 같다는 말.

巧言令色 교언영색 : 남의 환심(歡心)을 사기 위하여 아첨하는 교묘한 말과 보기 좋게 꾸미는 얼굴빛.

九曲肝腸 구곡간장 : 굽이굽이 사무치는 애타는 마음 속.

救國干城 구국간성 : 나라를 위기에서 구하고 지키려는 믿음직한 군인이나 인물.

九死一生 구사일생 : 어렵게 어렵게 죽을 고비에서 살아남.

口尙乳臭 구상유취 : 입에서 아직 젖내가 난다는 뜻으로, 언어와 행동이 매우 어리고 유치함을 일컬음.

九牛一毛 구우일모 : 아홉 마리의 소에 한가닥의 털이란 뜻으로, 썩 많은 가운데의 극히 적은 것을 비유하는 말.

九折羊腸 구절양장 : 세상일이 매우 복잡하여 살아가기가 어려움을 비유하는 말.

群鷄一鶴 군계일학 : 많은 닭 중에 한마리 학이라는 뜻으로 곧 많은 사람 중 가장 뛰어난 인물을 말함.

軍令泰山 군령태산 : 군대의 명령은 태산같이 무거움.

群雄割據 군웅할거 : 많은 영웅들이 지역을 갈라서 자리잡고 서로의 세력을 다툼.

權謀術數 권모술수 : 그때 그때의 상황에 따라 변통성 있게 둘러 맞추는 모략이나 수단.

勸善懲惡 권선징악 : 착한 행실을 권장하고 나쁜 행실을 징계함.

捲土重來 권토중래 : 한 번 패하였다가 세력을 회복하여 다시 쳐 들어옴.

近墨者黑 근묵자흑 : 먹을 가까이하면 검어진다는 고사로, 악한 이에게 가까이 하면 악에 물들기 쉽다는 말.

金科玉條 금과옥조 : 아주 귀중한 법칙이나 규범.

錦上添花 금상첨화 : 비단 위에 꽃을 더함. 곧 좋은 일에 더 좋은 일이 겹침. (반) 雪上加霜(설상가상)

今昔之感 금석지감 : 지금과 예전을 비교하여 받는 느낌.

金石之交 금석지교 : 쇠나 돌과 같이 굳은 교제.

金城鐵壁 금성철벽 : 경비가 매우 견고한 성벽.

錦衣還鄕 금의환향 : 타지에서 성공하여 자기 고향으로 돌아감.

金枝玉葉 금지옥엽 : 귀엽게 키우는 보물 같은 자식.

奇岩怪石 기암괴석 : 기이하고 괴상한 바위와 돌.

南柯一夢 남가일몽 : 〔중국의 순우분(淳于芬)이란 사람이 취중에 홰나무 밑에서 잠을 자다 남가군의 장군이 되어 이십년 동안의 영화를 누린 꿈을 꾸고 깨니, 그 곳이 개미의 집이더라는 고사에서〕① 깨고 나서 섭섭한 허황된 꿈. ② 덧없이 지나간 한 때의 헛된 부귀나 행복.

緣陰芳草 녹음방초 : 푸르른 나무들의 그늘과 꽃다운 풀. 곧 여름의 자연 경관.

論功行賞 논공행상 : 세운만큼의 공을 논정(論定)하여 상을 줌.

弄假成眞 농가성진 : 장난삼아 한 것이 참으로 사실이 됨.(등)假弄成眞

累卵之勢 누란지세 : 쌓여 있는 알처럼 매우 위태로운 형세

多岐亡羊 다기망양 : ① 학문의 길이 여러 갈래로 퍼졌으면 진리를 얻기 어려움. ② 방침(方針)이 너무 많으면 도리어 갈 바를 모름.

單刀直入 단도직입 : 너절한 서두를 생략하고 요점이나 본문제를 간단명료하게 말함.

丹脣皓齒 단순호치 : 붉은 입술과 하얀 이. 곧 아름다운 여자의 얼굴을 말함.

大器晩成 대기만성 : 크게 될 사람은 늦게 이루어진다는 뜻.

大義名分 대의명분 : 모름지기 지켜야 할 큰 명리나 직분.

獨不將軍 독불장군 : ① 홀로 목적을 달성하려는 외로운 사람. ② 혼자서는 장군이 못된다는 뜻으로, 남과 협조하여야 한다는 말.

同價紅裳 동가홍상 : 이왕이면 다홍치마. 곧 같은 값이면 좋은 것을 가진다는 뜻.

同苦同樂 동고동락 : 고통과 즐거움을 함께 함.

東問西答	동문서답	묻는 말에 아주 딴판인 엉뚱한 대답.
同病相憐	동병상련	같은 병을 앓는 사람끼리 서로 가엾게 여긴다는 뜻으로 처지가 비슷한 사람끼리 서로 도우며 위로하는 것.
東奔西走	동분서주	이곳 저곳 무척 바쁘게 돌아다님.
同床異夢	동상이몽	같은 잠자리에서 다른 꿈을 꿈. 곧 겉으로는 행동이 같으면서 속으로는 딴 생각을 가진다는 뜻.
東征西伐	동정서벌	전쟁을 하여 여러 나라를 이곳 저곳 정벌(征伐)함.
杜門不出	두문불출	집 안에서만 있고 밖에는 나가지 않음.
燈下不明	등하불명	등잔 밑이 어둡다는 뜻으로, 가까이 있는 것을 도리어 알아내기 어렵다는 말.
燈火可親	등화가친	가을밤은 서늘하여 등불을 가까이 두고 글읽기에 좋다는 말.
馬耳東風	마이동풍	남의 말을 귀담아 듣지 않고 무관심하게 흘러 버림을 뜻함.
莫逆之友	막역지우	뜻이 서로 맞는 매우 가까운 벗.
萬卷讀破	만권독파	만권이나 되는 책을 다 읽음을 뜻하는 말로 곧 많은 책을 처음부터 끝까지 다 읽어 냄.
萬端說話	만단설화	모든 온갖 이야기.
萬事休矣	만사휴의	모든 방법이 헛되게 됨.
滿山遍野	만산편야	산과 들에 가득차서 뒤덮여 있음.
滿山紅葉	만산홍엽	단풍이 들어 온 산이 붉은 잎으로 뒤덮임.
滿身瘡痍	만신창이	① 온몸이 상처투성이가 됨. ② 사물이 성한 데가 없을 만큼 결함이 많음.
罔極之恩	망극지은	죽을 때까지 다할 수 없는 임금이나 부모의 크나큰 은혜
望洋之歎	망양지탄	바다를 바라보고 하는 탄식. 곧 힘이 미치지 못하여 하는 탄식.
面從腹背	면종복배	겉으로는 따르는 척 하나 마음속으로는 싫어함.
明鏡止水	명경지수	① 맑은 거울과 잔잔한 물. ② 잡념이 없고 맑고 깨끗한 마음.
名實相符	명실상부	명명함과 실상이 서로 들어맞음. (반)名實相反(명실상반).
明若觀火	명약관화	불을 보는 것처럼 확실함. 곧 더말할 나위 없이 명백함.
毛遂自薦	모수자천	〔조(趙)나라의 왕 평원군(平原君)이 초(楚)나라에 구원을 청하기 위하여 사자(使者)를 물색하는 중, 모수가 자기 자신을 천거하였다는 도사에서 유래함.〕 자기가 자기를 천거함을 가리키는 말.
目不識丁	목불식정	일자무식(一字無識)
目不忍見	목불인견	딱하고 가엾어 차마 눈으로 볼수 없음. 또는 그러한 참상.
武陵桃源	무릉도원	① 도연명(陶淵明)의 도화원기(桃花源記)에 나오는 별천지. 진(秦)나라 때에 난리를 피(避)한 사람들이 살고 있었다는 곳. ② 조용히 행복하게 살수 있는 곳을 비유하여 이르는 말. 선경(仙境).
無不通知	무불통지	정통하여 모르는 것이 없음.
無所不能	무소불능	가능하지 않은 것이 없음.
無爲徒食	무위도식	하는일 없이 먹고 놀기만 함.
聞一知十	문일지십	한 마디를 듣고 열가지를 미루어 앎. 곧 총명하고 지혜로움을 이르는 말.
尾生之信	미생지신	융통성 없이 약속만을 굳게 지킴을 이르는 말.
美風良俗	미풍양속	아름답고 좋은 풍속.
拍掌大笑	박장대소	손바닥을 치며 극성스럽게 크게 웃는 웃음.
半信半疑	반신반의	반은 믿고 반은 의심함.

拔本塞源	발본색원	: 폐단의 근원을 찾아 뽑아 버림.
倍達民族	배달민족	: 역사상으로 우리 겨레를 일컫는 말. 배달 겨레
白骨難忘	백골난망	: 죽어서 백골이 되어도 은혜를 잊을 수 없다는 뜻으로 남의 은혜에 깊이 감사하는 말.
百年佳約	백년가약	: 남녀가 부부가 되어 평생을 함께 하겠다는 언약(言約). (동) 百年佳期(백년가기)
百年大計	백년대계	: 먼 훗날까지 고려한 큰 계획.
百年河淸	백년하청	: 중국의 황하(黃河)가 항상 흐리어 맑을 때가 없다는 데서 나온 고사로, 아무리 오래되어도 이루어지기 어려움을 일컫는 말.
百年偕老	백년해로	: 부부가 되어 화락하게 일생을 함께 늙음.
白衣從軍	백의종군	: 벼슬함이 없이 , 또는 군인이 아니면서, 군대를 따라 전쟁에 나감.
百折不屈	백절불굴	: 백번을 꺾어도 굽히지 않음. 곧 많은 고난을 극복하여 이겨 나감.
父傳子傳	부전자전	: 대대로 아버지가 아들에게 전함.
附和雷同	부화뇌동	: 남이 하는 대로 따라 행동함.
粉骨碎身	분골쇄신	: 뼈는 가루가 되고 몸은 산산조각이 됨. 곧 목숨을 다해 애씀을 이르는 말.
不顧廉恥	불고염치	: 부끄러움과 치욕을 생각하지 않음.
不問可知	불문가지	: 묻지 않아도 능히 알 수 있음.
不問曲直	불문곡직	: 일의 옳고 그름을 묻지 않고 곧바로 행동이나 말로 들어감.
鵬程萬里	붕정만리	: 붕새의 날아가는 길이 만리로 트임. 곧 전정(前程)이 아주 멀고도 큼을 이름.
飛禽走獸	비금주수	: 날짐승과 길짐승.
非禮勿視	비례물시	: 예의에 어긋나는 일은 보지도 말라는 말.
非一非再	비일비재	: 이같은 일이 한두 번이 아님.
四顧無親	사고무친	: 사방을 둘러보아도 친한 사람이 한 사람도 없음. 곧 의지할 만한 사람이 전혀 없음.
四面楚歌	사면초가	: [중국 초(楚)나라 항 우(項羽)가 한(漢)나라 군사에 의해 포위 당하였을때, 밤중에 사면의 한나라 군사 중에서 초 나라의 노래가 들려 오므로 초나라의 백성이 모두 한나라에 항복한 줄 알고 놀랐다는 고사(故事)에서 유래] 사면이 모두 적병(敵兵)으로 포위된 상태를 이르는 말.
四分五裂	사분오열	: 여러 갈래로 찢어짐. 어지럽게 분열됨.
沙上樓閣	사상누각	: 모래 위에 세운 다락집. 곧 기초가 약하여 넘어질 염려가 있거나 오래 유지하지 못할 일, 또는 실현 불가능한 일을 비유하는 말.
四通五達	사통오달	: 길이나 교통·통신 등이 사방으로 막힘없이 통함.
事必歸正	사필귀정	: 어떤 일이든 결국은 올바른 이치대로 됨. 반드시 정리(正理)로 돌아감.
山戰水戰	산전수전	: 산과 물에서의 전투를 다 겪음. 곧 온갖 세상 일에 경험이 아주 많음.
山海珍味	산해진미	: 산과 바다에서 나는 재료로 만든 맛 좋은 음식. (동) 山珍海味(산진해미)
殺身成仁	살신성인	: 자신의 목숨을 버려서 인(仁)을 이룸.
三綱五倫	삼강오륜	: 삼강(三綱)은 군신·부자·부부 사이에 지켜야 할 세가지 도리, 오륜(五倫)은 부자 사이의 친애, 군신 사이의 의리, 부부 사이의

분별, 장유 사이의 차례, 친구 사이의 신의를 이르는 다섯 가지 도리.

三顧草廬　삼고초려 : 〔중국 촉한(蜀漢)의 유비(劉備)가 제갈양(諸葛亮)의 초옥을 세 번 방문하여 군사(軍師)로 맞아들인 일에서〕 인재를 맞이하기 위하여 자기몸을 굽히고 참을성 있게 마음을 씀을 비유하는 말.

森羅萬象　삼라만상 : 우주(宇宙)사이에 있는 수 많은 현상.

三人成虎　삼인성호 : 거리에 범이 나왔다고 여러 사람이 다 함께 말하면 거짓말이라도 참말로 듣는다는 말로, 근거없는 말이라도 여러 사람이 말하면 곧이듣는다는 뜻.

三尺童子　삼척동자 : 신장이 석자에 불과한 자그마한 어린애. 곧 어린 아이.

桑田碧海　상전벽해 : 뽕나무 밭이 변하여 푸른 바다가 됨. 곧 세상의 모든 일의 덧없이 변화무상함을 비유하는 말.

塞翁之馬　새옹지마 : 인생의 길흉·화복은 변화무상하여 예측하기 어렵다는 뜻.

生老病死　생로병사 : 나고, 늙고, 병들고, 죽는일. 곧 인생이 겪어야 할 네가지 고통(苦痛)

生面不知　생면부지 : 한번도 본일이 없는 사람. 전혀 알지 못한 사람.

先見之明　선견지명 : 앞일을 미리 예견하여 내다보는 밝은 슬기.

先公後私　선공후사 : 우선 공적인 일을 먼저 하고 사적인 일은 뒤로 미룸.

仙風道骨　선풍도골 : 풍채가 뛰어나고 용모가 수려한 사람.

雪上加霜　설상가상 : 눈 위에 서리란 말로, 불행한 일이 거듭하여 생김을 가리킴.

說往說來　설왕설래 : 서로 변론을 주고 받으며 옥신각신함.

歲寒三友　세한삼우 : 겨울철 관상용(觀賞用)인 세가지 나무. 곧 소나무, 대나무, 매화나무의 일컬음. 송죽매(松竹梅)

束手無策　속수무책 : 손을 묶은 듯이 계략과 대책이 없음. 곧 어찌할 도리가 없음.

送舊迎新　송구영신 : 묵은 해를 보내고 새해를 맞음.

首邱初心　수구초심 : 여우가 죽을 때 머리를 자기가 살던 굴로 향한다는 말로, 고향을 그리워하는 마음을 일컬음.

壽福康寧　수복강녕 : 오래 살아 복되며, 몸이 건강하여 평안함을 이르는 말.

首鼠兩端　수서양단 : 쥐는 의심이 많아 쥐구멍에서 머리를 조금 내밀고 이리 저리 살핀다는 뜻으로, 머뭇거리며 진퇴·거취를 결정짓지 못하고 관망하는 상태를 이름.

袖手傍觀　수수방관 : 팔장을 끼고 보고만 있다는 뜻으로, 직접 손을 내밀어 간섭하지 아니하고 그대로 버려둠을 일컫는 말.

修身齊家　수신제가 : 행실을 올바로 닦고 집안을 바로 잡음.

水魚之交　수어지교 : 고기와 물과의 사이처럼, 떨어질 수 없는 특별한 친분.

守株待兔　수주대토 : 〔토끼가 나무 그루에 걸려 죽기를 기다렸다는 고사에서〕 주변머리가 없고 융통성이 전혀 없이 굳게 지키기만 함을 이르는 말.

脣亡齒寒　순망치한 : 입술이 없어지면 이가 시리다는 뜻으로, 곧 서로 이웃한 사람 중에서 한 사람이 망하면 다른 한 사람에게도 영향이 있음을 이르는 말.

始終如一　시종여일 : 처음과 나중에 한결같이 변함이 없음.

食少事煩　식소사번 : 먹을 것은 적고 할 일을 많음을 일컫는 말.

識字憂患　식자우환 : 글자깨나 선불리 좀 알았던 것이 도리어 화의 근원이 되었다는 뜻.

信賞必罰　신상필벌 : 공이 있는 사람에게는 필히 상을 주고, 죄가 있는 사람에게는 반드시 벌을 줌. 곧 상벌을 엄정히 하는 일.

身言書判	신언서판	: 인물을 선정하는 기준으로 삼던 네가지 조건. 곧 신수와 말씨와 글씨와 판단력.
神出鬼沒	신출귀몰	: 귀신이 출몰하듯 자유 자재로 유연하여 그 변화를 헤아리지 못함.
深思熟考	심사숙고	: 깊이 생각하고 거듭 생각함을 말함. 곧 신중을 기하여 곰곰이 생각함.
十年知己	십년지기	: 오래전부터 사귀어 온 친구.
十常八九	십상팔구	: 열이면 여덟이나 아홉은 그러함. (동) 十中八九(십중팔구)
十匙一飯	십시일반	: 열 사람이 한 술씩 보태면 한 사람 분의 분량이 된다는 뜻으로, 여러사람이 힘을 합하면 한 사람을 구제하기가 쉽다는 비유.
阿鼻叫喚	아비규환	: 지옥같은 고통을 참지 못하여 울부짖는 소리. 곧 여러 사람이 몹시 비참한 지경에 빠졌을 때 그 고통에서 헤어나려고 악을 쓰며 소리를 지르는 모양을 말함.
我田引水	아전인수	: 자기 논에 물대기란 뜻으로, 자기에게 유리한 대로만 함.
眼下無人	안하무인	: 눈 아래 사람이 없음. 곧 교만하여 사람들을 아래로 보고 업신여김.
藥房甘草	약방감초	: ① 무슨 일에나 끼여듦. ② 무슨 일에나 반드시 끼어야 할 필요한 것.
弱肉强食	약육강식	: 약한 쪽이 강한 쪽에게 먹히는 자연 현상.
羊頭狗肉	양두구육	: 양의 대가리를 내어놓고 개고기를 팜. 곧 겉으로는 훌륭하게 내세우나 속은 음흉한 생각을 품고 있다는 뜻.
梁上君子	양상군자	: [후한(後漢)의 진 식이 들보 위에 숨어 있는 도둑을 가리켜 양상(梁上)의 군자(君子)라 한 데서 온 말.]도둑.
良藥苦口	양약고구	: 효험이 좋은 약은 입에 쓰다는 말로, 충직한 말은 듣기는 싫으나 받아들이면 자신에게 이롭다는 뜻.
養虎遺患	양호유환	: 화근을 길러 근심을 사는 것을 일컫는 말.
魚頭鬼面	어두귀면	: 고기 대가리에 귀신 상판대기라는 말로, 망칙하게 생긴 얼굴을 이르는 말.
魚頭肉尾	어두육미	: 생선은 머리, 짐승은 꼬리 부분이 맛이 좋다는 말.
漁夫之利	어부지리	: 도요새와 무명조개가 다투는 틈을 타서 둘 다 잡은 어부처럼, 당사자간 싸우는 틈을 타 제삼자가 애쓰지 않고 가로챔을 이르는 말.
言語道斷	언어도단	: 말문이 막힌다는 뜻으로 너무 어이없어서 말하려야 말할 수 없음을 이름.
言中有骨	언중유골	: 예사로운 말 속에 뼈 같은 속 뜻이 있다는 말.
與民同樂	여민동락	: 임금이 백성과 더불어 낙(樂)을 같이함. (동) 與民諧樂(여민해락)
連絡杜絶	연락두절	: 오고 감이 끊기지 않고 교통을 계속함.
戀慕之情	연모지정	: 그리워하고 사랑하는 연모의 정.
緣木求魚	연목구어	: 나무 위에서 고기를 구한다는 뜻으로, 안될 일을 무리하게 하려고 한다는 뜻.
榮枯盛衰	영고성쇠	: 번영하여 융성함과 말라서 쇠잔해 짐. (동)興亡盛衰.
英雄豪傑	영웅호걸	: 영웅과 호걸.
五里霧中	오리무중	: 짙은 안개 속에서 길을 찾기 어려움과 같이, 어떤일에 대하여 알 길이 없음을 일컫는 말.
寤寐不忘	오매불망	: 자나 깨나 잊지 못하는 애절한 심정의 상태.

吾鼻三尺	오비삼척	: 내 코가 석 자라는 뜻. 곧 자기의 곤궁이 심하여 남의 사정을 돌아볼 겨를이 없음을 일컫는 말.
烏飛梨落	오비이락	: 까마귀 날자 배 떨어진다는 뜻. 곧 우연한 일에 남으로부터 혐의를 받게 됨을 가리키는 말.
烏飛一色	오비일색	: 날고 있는 까마귀가 모두 같은 색깔이라는 뜻으로, 모두 같은 종류 또는 피차 똑같음을 의미하는 말.
吳越同舟	오월동주	: [중국 춘추 전국 시대의 오왕 부차(吳王夫差)와 월왕 구천(越王句踐)이 항상 적의를 품고 싸웠다는 고사에서 유래한 말.] 서로 적대하는 사람이 같은 경우의 처지가 됨을 가리키는 말.
烏合之卒	오합지졸	: 임시로 모집하여 훈련을 하지 못해 무질서한 군사.(비) 烏合之衆(오합지중)
屋上架屋	옥상가옥	: 지붕 위에 또 지붕을 얹음. 곧 있는 위에 부질없이 거듭함을 이르는 말.
玉石俱焚	옥석구분	: 옥과 돌이 함께 탄다는 뜻. 곧 나쁜 사람이나 좋은 사람이나 다 같이 재앙을 당함을 비유해서 하는 말.
溫故知新	온고지신	: 옛것을 익히고 그것으로 미루어 새 것을 알 수 있다는 뜻.
臥薪嘗膽	와신상담	: [옛날 중국 월왕 구천(越王句踐)이 오왕부차(吳王夫差)에게 나라를 빼앗기고 괴롭고 어려움을 참고 견디어 나라를 회복한 고사(故事)에서 나온 말] 섶에 누워 쓸개의 쓴맛을 맛본다는 뜻으로, 원수를 갚으려고 고통과 어려움을 참고 견딤을 비유함.
外柔內剛	외유내강	: 겉으로 보기에는 부드러우나 속은 꿋꿋하고 강함.
燎原之火	요원지화	: 거세게 타는 벌판의 불길이라는 뜻으로, 미처 방비할 사이 없이 퍼지는 세력을 형용하는 말.
欲速不達	욕속부달	: 일을 너무 성급히 하려고 하면 도리어 이루기 어려움을 의미한 말.
龍頭蛇尾	용두사미	: 용의 머리와 뱀의 꼬리라는 뜻. 곧 처음은 그럴듯하다가 나중엔 흐지부지함을 말함.
優柔不斷	우유부단	: 연약해서 망설이기만 하고 결단력이 부족하여 끝을 맺지 못함.
牛耳讀經	우이독경	: 「쇠귀에 경 읽기」란 뜻으로 가르치고 일러 주어도 알아 듣지 못함을 비유하는 말. (동) 우이송경(牛耳誦經).
雨後竹筍	우후죽순	: 비 온 뒤에 돋는 죽순. 곧 어떤 일이 일시에 많이 일어남의 비유.
遠交近攻	원교근공	: 중국 전국 시대 위(魏)나라 범수(范睢)가 주장한 외교 정책. 먼 곳에 있는 나라와 우호 관계를 맺고 가까이 있는 나라를 하나씩 쳐들어 가는 일.
危機一髮	위기일발	: 조금이라도 방심할 수 없는 위급한 순간.
有口無言	유구무언	: 입은 있으나 말이 없다는 뜻으로, 변명할 말이 없거나 변명을 못함을 이름.
有名無實	유명무실	: 이름 뿐이고 그 실상은 없음.
隱忍自重	은인자중	: 마음속으로 괴로움을 참으며 몸가짐을 조심함.
陰德陽報	음덕양보	: 남 모르게 덕을 쌓은 사람은 뒤에 남이 알게 보답을 받는다는 뜻.
吟風弄月	음풍농월	: 맑은 바람과 밝은 달을 벗삼아 시를 읊으며 즐겁게 지내는 것.
以心傳心	이심전심	: 말이나 글에 의하지 않고 마음과 마음으로 전달 됨. (비) 心心相印(심심상인)
以熱治熱	이열치열	: 열로써 열을 다스림. 곧 힘은 힘으로써 다스림.
已往之事	이왕지사	: 이미 지나간 일. (동) 已過之事(이과지사)

二律背反 이율배반 : 서로 모순되는 두 명제가 동등한 권리로 주장되는 일.

因果應報 인과응보 : 사람이 짓는 선악의 인업에 응하여 과보가 있음.

人面獸心 인면수심 : 겉은 사람이나 마음은 짐승과 같음.

因循姑息 인순고식 : 구습을 버리지 못하고 목전의 편안한 것만을 취함.

因人成事 인인성사 : 남의 힘으로 일이나 뜻을 이룸.

一擧兩得 일거양득 : 한 가지 일로 두 가지의 이득을 봄.

一網打盡 일망타진 : 한 그물에 모두 다 모아 잡음. 곧 한꺼번에 모조리 체포함.

一脈相通 일맥상통 : 솜씨·성격·처지·상태 등이 서로 통함.

一目瞭然 일목요연 : 선뜻 보아도 똑똑하게 알 수 있음.

日薄西山 일박서산 : 해가 서산에 가까와진다는 뜻으로, 늙어서 죽음이 가까와짐을 비유.

一絲不亂 일사불란 : 한 오라기의 실도 어지럽지 않음. 곧 질서가 정연하여 조금도 헝 크러진 데나 어지러움이 없음.

一瀉千里 일사천리 : 강물의 물살이 빨라서 한 번 흘러 천리에 다다름. 곧 사물의 진 행이 거침없이 빠름을 말함.

一魚濁水 일어탁수 : 한 마리의 고기가 물을 흐린다는 뜻으로, 곧 한 사람의 잘못으로 여러 사람이 그 피해를 받게 됨의 비유.

一言之下 일언지하 : 한 마디로 딱 잘라 말함. 두말할 나위 없음.

一日三秋 일일삼추 : 하루가 삼 년 같다라는 뜻으로, 몹시 지루하거나 기다리는 때의 형용. (동) 一刻如三秋(일각여삼추)

一場春夢 일장춘몽 : 한바탕의 봄꿈처럼 헛된 영화.

日就月將 일취월장 : 나날이 다달이 진전함.

一攫千金 일확천금 : 애쓰지 않고 한꺼번에 많은 재물을 얻음.

臨機應變 임기응변 : 그때 그때의 일의 형편에 따라서 융통성 있게 잘 처리함.

臨戰無退 임전무퇴 : 싸움터에 임하여 물러섬이 없음.

自家撞着 자가당착 : 자기가 한 말이나 행동의 앞 뒤가 모순되는 것.

自繩自縛 자승자박 : 자기 줄로 제 몸을 옭아 묶는다는 뜻으로, 자기 마음씨나 언행 (言行)으로 말미암아 제 자신이 행동의 자유를 갖지 못하는 일.

自畫自讚 자화자찬 : 자기가 그린 그림을 자기가 칭찬한다는 말로, 자기의 행위를 스 스로 칭찬함을 이름.

作舍道傍 작사도방 : 길가에 집을 짓노라니 오가는 사람마다 의견(意見)이 달라서 주 인의 마음이 흔들려 쉽게 집을 지을 수 없었다는 뜻. 곧 무슨 일 에나 이견(異見)이 많아서 얼른 결정 못함을 이르는 말.

作心三日 작심삼일 : 한 번 결심한 것이 사흘을 가지 않음. 곧 결심이 굳지 못함을 가 리키는 말.

賊反荷杖 적반하장 : 도둑이 도리어 매를 든다는 뜻으로, 잘못한 사람이 도리어 잘한 사람을 나무랄 경우에 쓰는 말.

適材適所 적재적소 : 적당한 재목을 적당한 자리에 씀.

電光石火 전광석화 : 번개불과 부싯돌의 불. 곧 극히 짧은 시간이나 매우 빠른 동작을 말함.

轉禍爲福 전화위복 : 화가 바뀌어 복이 됨. 곧 언짢은 일이 계기가 되어 도리어 행운 을 맞게 됨을 이름.

切磋琢磨 절차탁마 : 옥(玉)·돌 따위를 갈고 닦는 것과 같이 덕행과 학문을 쉼없이 노력하여 닦음을 말함.

頂門一鍼 정문일침 : 정수리에 침을 놓는다는 말. 곧 간절하고 따끔한 충고를 이르는 말.

精神一到 何事不成 정신일도하사불성 : 정신을 한 군데로 쏟으면 무슨 일인들 이루지 못할 것인가.

糟糠之妻 조강지처 : 지게미와 겨를 먹은 아내. 곧 고생을 함께 하여 온 본처.

朝令暮改 조령모개 : 아침에 내린 영을 저녁에 고침. 곧 법령이나 명령을 자주 뒤바꿈을 이름.

朝三暮四 조삼모사 : 간사한 꾀로 남을 속여 희롱함을 이르는 말.

種頭得頭 종두득두 : 콩 심은 데 콩을 거둔다는 말로 원인에는 그에 따른 결과가 온다는 뜻.

坐井觀天 좌정관천 : 우물에 앉아 하늘을 봄. 곧 견문(見門)이 좁은 것을 가리키는 말.

主客顚倒 주객전도 : 사물의 경중(輕重)·선후(先後), 주인과 객의 차례 따위가 서로 뒤바뀜.

晝耕夜讀 주경야독 : 낮에는 농사일을 하고 밤에는 글을 읽음. 곧 바쁜 틈을 타서 어렵게 공부함.

走馬加鞭 주마가편 : 달리는 말에 채찍질한다는 말로, 부지런하고 성실한 사람을 더 격려함을 이르는 말.

走馬看山 주마간산 : 달리는 말 위에서 산천을 구경함. 곧 바쁘고 어수선하여 무슨 일이든지 스치듯 지나쳐서 봄.

酒池肉林 주지육림 : 술이 못을 이루고 고기가 숲을 이루었다는 뜻. 곧 호사스럽고 굉장한 술잔치를 두고 이르는 말.

竹馬故友 죽마고우 : 어릴 때부터 같이 놀며 자란 벗.

衆寡不敵 중과부적 : 적은 수효가 많은 수효를 대적할 수 없다는 뜻.

衆口難防 중구난방 : 뭇 사람의 말을 다 막기가 어렵다는 말.

知己之友 지기지우 : 서로 뜻이 통하는 친한 벗.

至緊至要 지긴지요 : 더할 나위 없이 긴요함.

指鹿爲馬 지록위마 : 웃사람을 속이고 권세를 거리낌없이 제마음대로 휘두르는 것을 가리키는 말.

支離滅裂 지리멸렬 : 순서없이 마구 뒤섞여 갈피를 잡을 수 없는 상태.

至誠感天 지성감천 : 지극한 정성에 하늘이 감동함.

知彼知己 지피지기 : 적의 내정(內情)과 나의 내정을 소상히 앎.

進退兩難 진퇴양란 : 나아갈 수도 물러설 수도 없는 궁지에 빠짐.

天高馬肥 천고마비 : 가을 하늘은 맑게 개어 높고 말은 살찐다는 뜻으로, 가을이 좋은 시절임을 이르는 말.

千慮一得 천려일득 : 바보 같은 사람이라도 많은 생각 속에는 한 가지 쓸만한 것이 있다는 말.

天方地軸 천방지축 : ① 너무 바빠서 허둥지둥 내닫는 모양. ② 분별없이 함부로 덤비는 모양.

天壤之差 천애지차 : 하늘과 땅의 차이처럼 엄청난 차이.

天衣無縫 천애무봉 : ① 천녀(天女)의 옷은 솔기 따위에 인공(人工)의 흔적이 없다는 뜻으로, 시가(詩歌) 따위의 기교(技巧)에 흠이 없이 완미(完美)함을 이름. ② 완전 무결하여 흠이 없음을 이름.

天人共怒 천인공노 : 하늘과 땅이 함께 분노한다는 뜻으로, 도저히 용서못함의 비유.

千載一遇 천재일우 : 천년에 한 번 만남. 곧 좀처럼 얻기 어려운 좋은 기회.

天眞爛漫 천진난만 : 꾸밈이나 거짓이 없는 천성 그대로의 순진함.

千篇一律 천편일률 : 많은 사물이 변화가 없이 모두 엇비슷한 현상.

鐵石肝腸 철석간장 : 매우 굳센 지조를 가리키는 말. 鐵心石腸(철심석장)

青雲萬里	청운만리	: 푸른 구름 일만 리. 곧 원대한 포부나 높은 이상을 이르는 말.
青出於藍	청출어람	: 쪽에서 나온 푸른 물감이 쪽보다 더 푸르다는 뜻으로, 제자가 스승보다 낫다는 말. 出藍(출람)
草綠同色	초록동색	: 풀의 푸른 빛은 서로 같음. 곧 같은 처지나 같은 유의 사람들은 서로 같은 처지나 같은 유의 사람들끼리 어울림을 이름.
初志一貫	초지일관	: 처음 품은 뜻을 한결같이 꿰뚫음.
寸鐵殺人	촌철살인	: 작고 날카로운 쇠붙이로 살인을 한다는 뜻으로, 짤막한 경구(警句)로 사람의 마음을 찔러 감동시킴을 가리키는 말.
忠言逆耳	충언역이	: 정성스럽고 바르게 하는 말은 귀에 거슬림.
七顚八起	칠전팔기	: 일곱 번 넘어지고 여덟 번 일어남. 곧 실패를 무릅쓰고 분투함을 이르는 말.
探花蜂蝶	탐화봉접	: 꽃을 찾아 다니는 벌과 나비라는 뜻에서, 여색에 빠지는 것을 가리키는 말.
泰然自若	태연자약	: 마음에 무슨 충동을 당하여도 듬직하고 천연스러움.
破竹之勢	파죽지세	: 대를 쪼개는 기세. 곧 막을 수 없게 맹렬히 적을 치는 기세.
布衣之交	포의지교	: 선비 시절에 사귄 벗.
表裏不同	표리부동	: 마음이 음흉하여 겉과 속이 다름.
豹死留皮 人死留名	표사유피 인사유명	: 표범은 죽어서 가죽을 남기고 사람은 죽어서 이름을 남긴다는 뜻으로, 사람은 죽은 후에 명예를 남겨야 한다는 말.
風前燈火	풍전등화	: 바람 앞에 켠 등불이란 뜻으로, 사물이 매우 위급한 자리에 놓여 있음을 가리키는 말.
漢江投石	한강투석	: 한강에 돌 던지기. 곧 애써도 보람 없음을 이르는 말.
含憤蓄怨	함분축원	: 분함과 원망을 품음.
咸興差使	함흥차사	: 한번 가기만 하면 깜깜 무소식이란 뜻으로, 심부름꾼이 가서 소식이 아주 없거나 회답이 더디 올 때에 쓰는 말.
虛心坦懷	허심탄회	: 마음 속에 아무런 사념없이 품은 생각을 터놓고 말함.
賢母良妻	현모양처	: 어진 어머니이면서 또한 착한 아내.
螢雪之功	형설지공	: 갖은 고생을 하며 학문을 닦은 보람.
狐假虎威	호가호위	: 남의 권세에 의지하여 위세를 부림의 비유.
糊口之策	호구지책	: 가난한 살림에서 겨우 먹고 살아가는 방책.
浩然之氣	호연지기	: ① 하늘과 땅 사이에 가득 차 있는 넓고 큰 원기(元氣). ② 도의에 뿌리를 박고 공명 정대하여 스스로 돌아보아 조금도 부끄럽지 않은 도덕적 용기.
昏定晨省	혼정신성	: 밤에 잘 때에 부모의 침소에 가서 편히 주무시기를 여쭙고, 아침에 다시 가서 밤새의 안후를 살피는 일.
紅爐點雪	홍로점설	: 빨갛게 달아오른 화로에 눈이 내리면 순식간에 녹아 버리고 만다는 말로, 큰 일을 함에 있어서 작은 힘이 아무런 보탬이 되지 못함을 비유하는 말.
畫龍點睛	화룡점정	: 옛날 명화가가 용을 그리고 눈을 그려 넣었더니 하늘로 올라갔다는 고사에서 나와, 사물의 긴요한 곳, 또는 일을 성취함을 이르는 말.
畫蛇添足	화사첨족	: 쓸데 없는 짓을 덧붙여 하다가 도리어 실패함을 가리키는 말. 蛇足(사족)
畫中之餅	화중지병	: 그림의 떡. 곧 실속 없는 일에 비유하는 말.
換骨奪胎	환골탈태	: 딴 사람이 된 듯이 용모가 환하게 트이고 아름다워짐.
患難相救	환난상구	: 근심이나 재앙을 서로 구하여 줌.

荒唐無稽　황당무계 : 말이 근거가 없고 허황함을 이르는 말.
橫說竪說　횡설수설 : 이치에 맞지 않는 말이나 두서없는 말을 아무렇게 지껄임.
興盡悲來　흥진비래 : 즐거운 일이 다하면 슬픈 일이 옴. 곧 세상 일은 돌고 돌아 순환
　　　　　　　　　　됨을 이르는 말.

三 綱 五 倫(삼강오륜)

父爲子綱(부위자강) : 아들은 아버지를 섬기는 근본이고
君爲臣綱(군위신강) : 신하는 임금을 섬기는 근본이고
夫爲婦綱(부위부강) : 아내는 남편을 섬기는 근본이다.

君臣有義(군신유의) : 임금과 신하는 의가 있어야 하고
父子有親(부자유친) : 아버지와 아들은 친함이 있어야 하며
夫婦有別(부부유별) : 남편과 아내는 분별이 있어야 하며
長幼有序(장유유서) : 어른과 어린이는 차례가 있어야 하고
朋友有信(붕우유신) : 벗과 벗은 믿음이 있어야 한다.

朱 子 十 悔(주자십회)

不孝父母死後悔(불효부모사후회) : 부모에게 효도하지 않으면 죽은 후에 뉘우친다.
不親家族疏後悔(불친가족소후회) : 가족에게 친절치 않으면 멀어진 뒤에 뉘우친다.
少不勤學老後悔(소불근학노후회) : 젊을 때 부지런히 배우지 않으면 늙어서 뉘우친다.
安不思難敗後悔(안불사난패후회) : 편할 때 어려움을 생각지 않으면 실패 후에 뉘우친다.
富不儉用貧後悔(부불검용빈후회) : 부유할 때 아껴쓰지 않으면 가난한 후에 뉘우친다.
春不耕種秋後悔(춘불경종추후회) : 봄에 종자를 갈지 않으면 가을에 뉘우친다.
不治垣牆盜後悔(불치원장도후회) : 담장을 고치지 않으면 도적 맞은 후에 뉘우친다.
色不謹愼病後悔(색불근신병후회) : 색을 삼가치 않으면 병든 후에 뉘우친다.
醉中妄言醒後悔(취중망언성후회) : 술 취할 때 망언된 말은 술 깬 뒤에 뉘우친다.
不接賓客去後悔(불접빈객거후회) : 손님을 대접하지 않으면 간 뒤에 뉘우친다.

속담풀이 정선

♣ **가난 구제는 나라도 못한다** - 가난한 사람을 구제하는 일은 아무리 하여도 한이 없으므로 매우 어렵다는 말로써 아무도 못한다는 말.

♣ **가는 말에 채찍질** - 부지런히 하느르고 하는데 자꾸 더 빨리 하라고 독촉한다는 뜻.

♣ **가는 말이 고와야 오는 말이 곱다** - 내가 남에게 조금이라도 잘못하면 더 큰 해가 돌아온다는 뜻.

♣ **가는 방망이 오는 홍두깨** - 내가 남에게 조금이라도 잘못하면 더 큰 해가 돌아온다는 뜻.

♣ **가는 손님은 뒤꼭지가 이쁘다** - 가난하여 손님을 대접하기가 어려운데 속을 알아 주어 곧 돌아가는 손님은 무척 고맙게 여겨진다는 말.

♣ **가던 날이 장날이다.** - 뜻하지 아니한 일이 공교롭게도 잘 들어맞을 때 하는 말.

♣ **가랑비에 옷 젖는 줄 모른다** - 옷이 가랑비에 조금씩 젖는 줄도 모르게 젖어 가듯이 재산이 없어지는 줄도 모르게 조금씩 없어져 간다는 말.

♣ **가랑잎이 솔잎더러 바스락거린다고 한다** - 제 허물 큰 줄은 모르고 남의 작은 허물을 들어 나무라는 어리석은 행동을 이름.

♣ **가루는 칠수록 고와지고 말은 할수록 거칠어진다** - 말이 많으면 좋은 일보다 해로운 일이 더 많이 생기는 법인즉 말을 삼가라는 뜻.

♣ **가르친 사위** - 아주 못나서 제 일을 혼자 처리할 줄도 모르고 또 융통성이 없는 사람을 조롱할 때 쓰는 말.

♣ **가마 밑이 노구솥 밑을 검다 한다** - 제 흉은 모르고 남의 흉보기는 쉽다고 남의 흉허물을 웃고 욕할 때 이르는 말.

♣ **가물에 콩 나듯** - 어떤 일이나 물건이 드문드문 있을 때 쓰는 말.

♣ **가을볕에는 딸을 쬐이고 봄볕에는 며느리를 쬐인다** - 며느리보다는 딸을 더 생각한다는 말.

♣ **가자니 태산(泰山)이요, 돌아서자니 숭산(崇山)이라** - 앞으로 나가지도 못하고 뒤로 돌아가지도 못한다는 말이니, 이럴수도 저럴 수도 없는 난처한 경우에 빠졌다는 뜻.

♣ **가재는 게 편이오, 초록(草綠)은 한빛이라** - 모양이 비슷하고 인연이 있는 것끼리 서로 편되어 붙는다는 뜻.

♣ **가지 많은 나무 바람 잘 날 없다** - 자식을 많이 둔 부모는 자식을 위하는 걱정으로 마음 편할 날이 없다는 말.

♣ **까마귀 날자 배 떨어진다** - 어떤 일이 공교롭게도 어떤 다른 일과 때를 같이하여 무슨 관계라도 있는 듯한 혐의를 받는 것을 말한다.

♣ **깐깐 오월 미끈 유월** - 오월 달은 해가 길어서 더디 간다는 말이며, 유월달은 해가 짧고 해야 할 일이 많아 어느 틈에 휙 지나가 버린다는 뜻.

♣ **간다 간다 하면서 아이 셋 낳고 간다** - 말로만 그만둔다 둔다고 하면서 실제는 그만두지못하고 질질 끈다는 뜻.

♣ **갈모 형제라** - 아우가 형보다 더 나을 때 쓰는 말.

♣ **갑작 사랑 영 이별** - 갑자기 이루어진 사랑은 이내 식어서 아주 헤어져 버리기 쉽다는 말.

♣ **갓 마흔 첫 버선** - 오래 기다리던 일이 마침내 이루게 되었을 때 쓰는 말.

♣ **갓방 인두 달듯** - 갓 만드는 데의 인두가 언제나 뜨겁게 달아 있는 것처럼 저 혼자 애태우고 어쩔 줄 모른다는 말.

♣ **개가 똥을 마다한다** - 평소 좋아하던 것을 싫다고 거절할 때 비꼬아 쓰는 말.

♣ **개가 콩엿 사먹고 버드나무에 올라가기** - 어리석고 못난 자가 감히 할 수 없는 일을 하겠다고 큰소리 함을 비웃는 말.

♣ **개같이 벌어서 정승같이 쓴다** - 돈을 벌 때는 천한 일을 가리지 않고 벌어서 생광(生光)있게 쓴다는 말.

♣ **개 꼬라지 미워서 낙지 산다** - 고기를 사서 먹고 남는 뼈다귀는 개를 주게 되므로, 개가 뼈다귀 먹는 꼴이 미워서 뼈 없는 낙지를 산다는 말로써, 자기가 미워하는 자에게는 그 자가 좋아할 일은 하지 않는다는 말.

♣ **개꼬리 삼년 두어도 황모(黃毛) 못된다** - 개꼬리는 아무리 오래 두어도 족제비 꼬리가 되지 못하듯이 본래부터 타고난 제 천성은 언제까지 가도 고치기 어렵다는 뜻.

♣ **개구리도 움츠려야 뛴다** - 아무리 급할지라도 일을 이루게 하려면 어느 정도의 준비와 주선할 시간이 있어야 한다는 말.

♣ **개구리 올챙이 적 생각 못한다** - 전날 미천하던 사람이 높은 지위에 올랐을 때, 그 전날을 생각하지 않는다는 말이며 일을 배워서 익숙하게 되면, 그 전의 서툴던 때 생각을 않는다는 말이다.

♣ **개도 무는 개를 돌아본다** - 영악하고 사나운 사람에게는 혹시 그 화를 입을까 하여 도리어 잘대하여 준다는 뜻.

♣ **개도 주인 알아본다** - 남의 은혜를 받고도 배은망덕한 사람에게 개만도 못하다고 하는 말.

♣ **개를 따라 가면 칙간으로 간다** - 품성(品性)이 좋지 못한 사람과 사귀면 결국 좋지 못한 데로 가게 된다는 뜻.

♣ **개 머루 먹듯** - 개가 머루를 먹기는 하나 겉만 핥는 것이라 그 참맛을 모른다는 말이니 무슨 일이나 그 내용을 잘 모르고 아는 체한다는 말.

♣ **개 못된 것은 들에 가서 짖는다** - 제가 마땅히 해야 할 일에는 하지 않고 아무 소용도 없는 데 가서 되지 못하게 나서는 것을 말한다.

♣ **개미 금탑(金塔)모으듯 한다** - 애써 게으름 피우지 않고 개미처럼 부지런히 벌어서 재산을 늘려 나가는 사람을 두고 하는 말.

♣ **개미에게 불알 물렸다** - 보잘것 없는 것한테 피해를 당했다는 말.

♣ **개발에 주석 편자** - 개발에는 제철(蹄鐵)이 필요치 않은데 하물며 주석 편자가 격에 맞을 리가 없다는 말이니, 대개 옷차림이나 물건이 과분해서 제격에 맞지 않을 때 쓰는 말.

♣ **개 입에 벼룩 씹듯** - 한 번 한 소리를 두고 두고 되씹어 한다는 뜻.

♣ **개천아 네 그르냐, 눈 먼 봉사 내 그르다** - 제가 실수한 것은 제 잘못이지 남을 원망하거나 탓하여도 소용 없다는 말.

♣ **개천에 나도 제 날 탓이라** - 아무리 미천한 집안에서 태어나도 저만 잘나면 얼마든지 훌륭하게 될 수 있다는 말.

♣ **개천에 든 소** - 개천 에 든 소는 양편 언덕의 풀을 마음껏 뜯어 먹을 수 있다는 말이니 먹을 것 많아 유복한 처지에 있음을 뜻함.

♣ **개천에서 용 난다** - 변변찮은 집안에서 훌륭한 인물이 나왔을 때 하는 말.

♣ **개 팔자가 상 팔자라** - 한가하게 놀 수도 있고, 걱정없는 개 팔자가 더 좋겠다는 말. 일이 분주하고 고생스러울 때를 말함.

♣ 개하고 똥 다투랴 - 사납고 모진 사람과는 시비를 가릴 수 없다는 말.

♣ 건들 팔월(八月) - 음력 팔월은 추수 때이므로 바삐 지내다 보면 어느새 지나간다하여 쓰는 말.

♣ 건시(乾柿)나 감이나 - 대동소이(大同小異)한 물건이라는 뜻.

♣ 검둥개 목욕 감기듯 - 원체 검어서 아무리 해도 깨끗해지기 어렵다는 말로 나쁜 사람이 끝내 제 잘못을 뉘우치지 못한다는 뜻.

♣ 검불 밭에 수은(水銀)찾기 - 막연하여 도저히 찾을 가망이 없다는 말.

♣ 겉보리 서말만 있으면 처가살이 하랴 - 처가살이는 할 것이 못된다는 말.

♣ 게 눈 감추듯 한다 - 음식을 몹시 빠르게 먹을 때를 이르는 말.

♣ 게으른 선비 책장 넘기기 - 글 읽는 데 물두하지 않고 얼마나 읽었나 책장만 헤아린다는 말이니, 하는 일에는 정신을 쏟지 않고 그 일에서 벗어날 궁리만 한다는 뜻.

♣ 게으른 여편네 아이 핑계한다 - 일하기 싫어서 아이 젖먹이는 핑계를 한다는 말로 꾀를 부리고 핑계하며 일은 하지 않는다는 말.

♣ 곤 대추 삼년 간다 - 아주 약한 사람이 얼마 못 살듯 하면서도 오래 살아간다는 말.

♣ 골난 며느리 보리 방아 찧는다 - 골이 나면 기분 풀이를 하게 되고 기가 더 오른단 말.

♣ 공든 탑이 무러지랴 - 공을 들이고 정성을 들여서 한 일은 그렇게 쉽사리 실패하지 않는다는 뜻.

♣ 공(公)은 공이고 사(私)는 사라고 - 공사(公事)와 사사(私事)는 반드시 가려서 분명해야 된다는 말.

♣ 공중을 쏘아도 알관만 맞춘다 - 힘들이지 않고 한 일이 아주 큰 성과를 거둘 때 하는 말.

♣ 곶감 꼬치에서 곶감 빼 먹듯 - 애써 모아 둔 것을 하나하나 먹어 없앤다는 뜻.

♣ 꽃 본 나비 불을 헤아리랴 - 남녀 간에 정(情)이 깊이 들면 어떠한 위험이 뒤에 수반되더라도 찾아가서 만나 애정을 속삭인다는 뜻.

♣ 꽃이 좋아야 나비가 모인다 - 가지고 있는 물건이 좋아야 살 사람도 많다는 뜻.

♣ 과물전 망신은 모과가 시킨다 - 못난 것은 그가 속해 있는 단체의 여러 사람을 망신시키는 일만 저지른다는 뜻.

♣ 과부 사정은 과부가 안다 - 같은 실정에 있는 이만 그 사정을 헤아릴 수 있다는 말.

♣ 구관(舊慣)이 명관(名官)이다 - 그 전에 일을 하던 이가 숙달되어 더 잘한다는 뜻도 되고 사람은 언제나 지나간 것을 더 좋게 여긴다는 뜻도 됨.

♣ 구더기 무서워 장 못 담글까 - 반드시 해야 할 일은 사소한 비방을 두려워하지 말고 할 일은 해야 한다는 뜻.

♣ 구르는 돌에는 이끼가 끼지 않는 법이다 - 사람이 활동하지 않으면 폐인이 된다는 말.

♣ 꾸어다 놓은 보릿자루 - 여럿이 모여 웃고 이야기 하는 가운데, 혼자 가만히 앉아 어울리지 못하는 사람을 말한다.

♣ 국수 잘하는 솜씨가 수제비 못하랴 - 어떤 한 가지 일을 잘하는 사람은 그와 비슷한 다른 일을 못할 리가 없다는 뜻.

♣ 국이 끓는지 장이 끓는지 - 일이 어떻게 되어 가는지 영문도 모르고 무관심하다는 뜻.

♣ 군자 말년에 배추씨 장사 - 남을 위하여 어질게 살아온 사람이 말년에 가서는 매우 곤란하게 살게 되었다는 말.

♣ 굳은 땅에 물이 괸다 - 헤프게 쓰지 않고 절약하면 재산을 모은다는 말.

♣ 굴뚝에 바람 들었다 - 굴뚝에 바람이 들면 아궁이로 연기가 나와서, 불 때는 사람의 눈에서

눈물이 나오므로 왜 우느냐는 뜻으로 하는 말.

♣ **굽은 나무가 선산(先山)을 지킨다** - 사람이나 물건이 못난 듯 보이는게 오히려 쓸모가 있다는 말.

♣ **굽은 지팡이는 그림자도 굽어 보인다** - 좋지 않은 본성은 아무리 해도 숨길 수 없다는 말.

♣ **굿이나 보고 떡이나 먹지** - 남의 일에 쓸데없이 간섭 말고 형편을 지켜보다가 이득이나 얻겠다는 뜻.

♣ **궁하면 통한다** - 아무리 어려운 처지에 놓여도 극복할 길은 있다는 뜻.

♣ **꿩 대신 닭** - 그와 비슷한 것으로 대신해서 쓸 수도 있다는 말.

♣ **꿩 먹고 알 먹는다** - 하나의 수고를 하여 두 가지 이득을 본다는 말.

♣ **귀머거리 삼 년이요, 벙어리 삼 년이라** - 옛날 시집 온 여자에게 모든 일에 함부로 간섭하지 말고 조심하여, 듣고도 못 들은 체, 보고도 못 본 체하라는 말인즉 시집살이 하기가 매우 어렵다는 뜻.

♣ **귀신 듣는데 떡 소리한다** - 늘 좋아하는 것을 얘기하면 그것을 꼭 가지고 싶어한다는 말.

♣ **귀신이 곡(哭)할 노릇** - 일이 매우 기묘하여 신통하다는 뜻.

♣ **귀에 걸면 귀걸이, 코에 걸면 코걸이** - 한 가지 사물을 보는 시각에 따라 이렇게도 보이고 저렇게도 보인다는 뜻이고, 자기의 일정한 주견이 없이 이랬다 저랬다 하는 사람을 두고 한 말.

♣ **귀한 그릇 쉬 깨진다** - 귀하게 태어난 사람이나 비상한 재주를 지니고 있는 사람이 더 일찍 죽는다는 뜻.

♣ **귀한 자식 매 한 대 더 때리고 미운 자식 떡 한 개 더 준다** - 귀할수록 버릇을 잘 들여야 한다는 뜻.

♣ **그림의 떡** - 형체는 있으나 실지로는 아무 실속이 없는 것을 말함.

♣ **그 아비에 그 아들** - 잘 난 어버이에게선 잘난 자식이, 못난 어버이에게서는 못난 자식이 태어난다는 말.

♣ **글 속에 글 있고 말 속에 말이 있다** - 말이나 글이 가지고 있는 뜻이 무궁무진함을 일컬음.

♣ **긁어 부스럼** - 쓸데없는 짓을 하여 재화를 자초한다는 말.

♣ **금강산(金剛山)도 식후경(食後景)** - 아무리 좋은 것, 재미 나는 것이라도 배가 부르고 난 뒤라야 좋은 것을 안다는 뜻.

♣ **기는 놈 위에 나는 놈 있다** - 잘난 사람 위에는 그보다 더 잘난 사람이 있다는 말.

♣ **길가에 집 짓기** - 길가에 집을 지으면 오가는 사람마다 참견하여 집을 못 짓고 만다. 간섭하는 이가 많으면 일을 이루지 못한다는 뜻.

♣ **길고 짧은 것은 대어 보아야 안다** - 잘 하고 못 하는 것은 겨루어 보아야 안다는 말.

♣ **길이 아니면 가지를 말고 말이 아니면 하지 마라** - 사리(事理)에 어긋나는 말은 입 밖에 내지도 말라는 뜻.

♣ **김 안 나는 숭늉이 더 뜨겁다** - 말을 떠벌리는 사람보다 가만히 있는 사람이 더 무섭다는 말.

♣ **나간 머슴이 일 잘했다** - 현재 가지고 있는 것보다 전 것이 더 낫다고 생각한다는 뜻.

♣ **나는 놈 위에 타는 놈 있다** - 아무리 재주가 있다고 해도 그 보다 더 나은 사람이 있다는 말이다.

♣ **나 못 먹자니 싫고 개 주자니 아깝다** - 자기에게는 별 소용없는 것도 막상 남에게 주긴 아깝다는 뜻.

♣ **나 부를 노래 사돈이 부른다** - 자기가 하려고 하는 말을 상대편이 먼저 할 때 쓰는 말.

♣ **나중에 보자는 양반 무섭지 않다** - 나중에 어떻게 하겠다고 미리 공갈하는 사람은 무섭지 않으니 아무 소용이 없다는 말.

♣ **나중에 난뿔이 우뚝하다** - 후배가 선배보다 나을 때 쓰는 말.

♣ **낙숫물은 떨어지던 데 또 떨어진다** - 한번 버릇이 들면 고치기 힘들다는 말.

♣ **낙숫물이 댓돌을 뚫는다** - 꾸준히 노력하면 아무리 어려운 일이라도 이룰 수 있다는 말.

♣ **난 거지 든 부자** - 밖으로는 거지 꼴이나 안으로는 살림이 부자인 사람을 말함.

♣ **날 잡은 놈이 자루 잡은 놈을 당하랴** - 월등하게 유리한 조건에 있는 사람과는 경쟁이 안 된다는 말.

♣ **남 눈 똥에 주저 앉고, 애매한 두꺼비 떡돌에 치인다** - 자기 잘못은 없이 남의 잘못으로 화를 입는다는 말.

♣ **남대문(南大門) 입납(入納)** - 입납(入納)이란, 지금 편지 겉봉에 쓰는 귀중(貴中)이라는 말과 같은 말이다. 도무지 찾을 수 없는 것을 말함.

♣ **남의 고기 한 점 먹고 내 고기 열 점 준다** - 남으로부터 적은 이득을 보려다가 더 큰 손해를 본다는 말.

♣ **남의 눈에 눈물 내면 제 눈에는 피가 난다** - 남에게 악행(惡行)을 가하면 반드시 그보다 더 큰 벌을 받게 된다는 뜻.

♣ **남의 말 하기는 식은 죽 먹기** - 남의 잘못을 말하기는 매우 쉽다는 말.

♣ **남의 밥 보고 장 떠먹는다** - 남의 것을 턱 없이 바란다는 뜻.

♣ **남의 밥에 든 콩이 더 크다** - 제가 가진 것보다 남이 가진 것이 더 좋아 보인다는 말.

♣ **남의 일은 오뉴월에도 손이 시리다** - 이득 없는 남의 일이란 하기 싫다는 뜻.

♣ **남의 잔치에 감 놓아라 배 놓아라 한다** - 자기와는 아무 상관도 없는 일에 공연히 간섭하고 참견한다는 뜻.

♣ **남이 장 간다고 하니 거름 지고 나선다** - 아주 주견없이 남이 하는 대로 그대로 따라서 행동한다는 뜻.

♣ **남자는 배짱, 여자는 절개** - 남자는 두려워 할 줄 모르는 담력(膽力), 여자는 자신을 지키는 깨끗한 절개가 으뜸이라는 말.

♣ **낫 놓고 기역 자도 모른다** - 무식한 사람을 두고 하는 말.

♣ **낮 말은 새가 듣고 밤 말은 쥐가 듣는다** - 아무리 비밀인 것이라도 자신이 한 말은 반드시 남의 귀에 들어간다는 뜻으로 말조심 하라는 말.

♣ **내리사랑은 있어도 치사랑은 없다** - 웃사람이 아랫사람을 사랑하는 일은 있어도 그 반대되는 일을 하기는 어렵다는 말.

♣ **내 발등의 불을 꺼야 아들 발등의 불을 끈다** - 사람이 급한 일을 당하면 자기 일부터 먼저 처리한다는 말.

♣ **내 밥 준 개가 내 발등 문다** - 제게 도움을 받은 자가 오히려 배신한다는 뜻.

♣ **내 배가 부르니 평안감사가 조카 같다** - 내 배가 부르고 풍족하면 아무리 좋은 것도 부럽지 않다는 뜻.

♣ **내 손톱에 장을 지져라** - 되지도 않는 일을 가지고 장담하는 사람에게 절대로 불가능하다고 단정하는 말.

♣ **내외간 싸움은 칼로 물베기** - 부부 간 싸움은 중재가 필요없이 내버려 두면 자연히 쉬 화합한다는 뜻.

♣ 내 코가 석자 - 내 사정이 급해서 남의 사정까지 돌볼 여유가 없다는 말.

♣ 냉수 먹고 이 쑤시기 - 실속없이 허세(虛勢)를 부린다는 뜻.

♣ 너구리 굴 보고 피물(皮物) 돈 내어 쓴다 - 너구리를 잡기도 전에 가죽 팔아 얻은 돈을 미리 빚내어 쓴다는 말이니, 확정도 되지 않은 일을 가지고 그로부터 나올 이익을 미리 앞당겨 쓰는 것을 비웃는 말이며 이를 너무 급히 서둘러 한다는 뜻.

♣ 네 것이 내 것이요, 내 것이 내 것이다 - 무엇이건 다 자기 것이라는 뜻.

♣ 노는 입에 염불(念佛)하기 - 그저 노는 것 보다는 무엇이나 하는 것이 낫다는 뜻.

♣ 노닥노닥 해도 비단일세 - 본 바탕이 좋은 것은 낡고 헐어도 그 볼품을 잃지 않는다는 뜻.

♣ 노루 꼬리가 길면 얼마나 될까 - 재주가 있으면 얼마나 있겠느냐는 뜻으로 보잘것없는 재주를 과신하는 사람을 비웃는 말.

♣ 노루를 피하니 범이 나온다 - 작은 해(害)를 피하려다 도리어 큰 화를 만남을 일컫는 말이며 또 일이 점점 더 험하고 어려워질 때를 이름.

♣ 노루 제 방귀에 놀란다 - 경솔하고 침착하지 못한 자를 말한다

♣ 노여움은 호구별성(戶口別星)인가 - 늘 화만 내는 사람을 두고 하는 말.

♣ 노적가리에 불 붙여 놓고 박상 주워 먹는다 - 큰것을 잃고 작은것을 얻을 때를 말함.

♣ 노처녀가 시집 가려니 등창이 난다 - 벼르고 벼르던 일을 하려 할 때 마가 붙고 방해물이 끼어서 못 한다는 말.

♣ 녹피(鹿皮)에 갈 왈(曰)자라 - 사슴가죽에 쓴 갈 왈(曰)자는 당기는 대로 날일(日)자도 되고, 갈 왈(曰)자도 된다는 말이니 이랬다 저랬다 풀이하기에 달렸다는 말.

♣ 논 팔아 굿하니 맏며느리 춤추더라 - 당면한 어려운 일을 가장 뼈 아프게 알아야 할 사람이 도리어 반대 방향으로 나갈 때 비유하는 말.

♣ 놀란 토끼 벼락 바위 쳐다보듯 - 말은 못하고 눈만 껌벅거리고 쳐다본다는 말.

♣ 높은 가지가 부러지기 쉽다 - 높은 지위일수록 그 자리를 보존하기가 어렵다는 말.

♣ 누가 흥(興)이야 항(恒)이야 하랴 - 관계없이 남이 이래라 저래라 할 수 없다는 뜻.

♣ 누울 자리 봐 가며 발 뻗친다 - 결과를 생각해 가면서 모든 일을 미리 살피고 시작한다는 뜻.

♣ 누워서 떡 먹기 - 일하기가 매우 쉽다는 뜻.

♣ 누이 좋고 매부 좋다 - 피차 서로 좋다는 말.

♣ 눈 가리고 아웅한다 - 얕은 수를 써서 남을 속이려 하는 수작을 말함.

♣ 눈 감으면 코 베어 간다 - 인심이 험악하고 사나와서 조금도 마음을 놓을 수 없다는 뜻.

♣ 눈 구석에 쌍가래톳 선다 - 너무나 기가 막혀서 할 말이 없다는 뜻.

♣ 눈 먹던 토끼 다르고 얼음 먹던 토끼 다르다 - 사람은 자기가 겪어 온 환경에 따라서 그 능력이 다르고 생각도 다르다는 말.

♣ 눈 먼 구렁이 꿩알 굴리듯 한다 - 못난 놈이 껍적거리고 남보다 먼저 나선다는 말.

♣ 눈 먼 중 갈밭에 든 것 같다 - 무엇인지 어딘지 방향을 가리지 못하여 갈팡질팡한다는 말.

♣ 눈치가 빠르면 절에 가도 새우젓을 얻어 먹는다 - 사람이 영리하고 수단만 좋으면 겉으로 내어 놓고도 못할 일도 뒷거래를 할 수 있다는 말.

♣ 느릿느릿 걸어도 황소 걸음 - 속도는 더디되 꾸준히 해나가 믿음직스럽다는 말.

♣ 늦게 배운 도둑이 날 새는 줄 모른다 - 늙어서 바람이 나면 걷잡을 수 없다는 말.

♣ 늦은 밥 먹고 파장(罷場)간다 - 적절한 때를 놓치고 늦게야 행동을 시작한다는 말.

♣ 다 된 죽에 코 빠졌다 - 다 된 일을 망쳐 놓았다는 뜻.

♣ **다람쥐 쳇바퀴 돌 듯** - 제자리에서 뱅뱅 맴돌기만 한다는 말로 애는 쓰지만 큰 진전이 없어 제자리 걸음만 한다는 뜻.

♣ **다리 아래에서 원을 꾸짖는다** - 맞대 놓고는 말 못하고 그 사람이 없는 데서 원망하고 욕한다는 말.

♣ **달걀로 바위치기** - 약한 것이 강한 것에 대항하자 하는 어리석음을 뜻함.

♣ **달면 삼키고 쓰면 뱉는다** - 제게 이로우면 이용하고 필요하지 않을 때는 배척한다는 뜻.

♣ **달아나는 노루 보고 얻은 토끼 놓쳤다** - 욕심을 부리다가 결국 손에 가진 것까지 잃었다는 말이니 너무 큰 이익만 탐하지 말고 가까운 곳에 있는 작은 이익부터 취하라는 뜻.

♣ **닭 소 보듯 소 닭 보듯** - 서로 별 관심이 없이 모른 척 빤히 바라본다는 뜻.

♣ **닭이 천(千)이면 봉이 한 마리** - 여럿이 모이면 반드시 그 가운데 뛰어난 이가 한 사람쯤은 있다는 말.

♣ **닭 잡아 먹고 오리발 내놓는다** - 나쁜 짓을 하고도 엉뚱한 변명을 한다는 뜻.

♣ **닭 쫓던 개 지붕만 쳐다본다** - 한참 애쓰던 일이 실패로 돌아가거나 서로 경쟁하던 상대가 유독 앞서 갈 때의 막막한 상황을 의미함.

♣ **대추나무에 연 걸리듯** - 일이 이리저리 얽히고 설킨 것을 뜻함.

♣ **더운 죽에 혀 데기** - 대단치 않은 일에 낭패를 보아 얼마 동안 쩔쩔 맨다는 뜻.

♣ **더위 먹은 소, 달만 보아도 허덕인다** - 어떤 일에 한번 혼이 나면 그와 비슷한 것만 보아도 왈칵 겁을 낸다는 뜻.

♣ **떡방아 소리 듣고 김치국 찾는다** - 제 짐작으로만 일을 서둘러 해버린다는 뜻.

♣ **떡 본 김에 제사 지낸다** - 필요한 것을 구할 기회에 하고자 하는 것을 해치운다는 말.

♣ **떡 줄 놈은 생각도 않는데 김치국부터 마신다** - 해 줄 사람은 생각지도 않는데 일에 대한 기대가 너무 앞서거나 되지 않을 일을 바랄 때 하는 말.

♣ **도둑이 제 발이 저린다** - 죄 지은 자가 폭로될까 두려워 걱정하다가 도리어 저도 모르는 사이에 그 사실의 꼬리가 잡히게 된다는 뜻.

♣ **도랑 치고 가재 잡는다** - 일의 순서가 뒤바뀌어 아무리 하여도 성과가 없음을 이름.

♣ **돈만 있으면 개도 명첨지라** - 돈이 있으면 세상에 못할 일이 없다는 말.

♣ **돈 모아 줄 생각 말고 자식에게 글 가르쳐라** - 막대한 유산(遺産)을 자식에게 남겨 주는 것보다 자식을 훌륭하게 교육시키는 것이 더 낫다는 말.

♣ **돈 없는 놈이 큰 떡 먼저 든다** - 자격을 갖추지 못한 이가 먼저 덤벼들 때 하는 말.

♣ **돌다리도 두들겨 보고 지난다** - 지나치게 조심스럽고 세심한 사람을 두고 하는 말.

♣ **돌도 십년을 보고 있으면 구멍이 뚫린다** - 무슨 일이나 꾸준히 노력하면 안 되는 일이 없다는 뜻.

♣ **돌을 차면 내 발부리만 아프다** - 화난다고 쓸데없이 화풀이를 하면 저만 손해라는 뜻.

♣ **동네 북인가** - 모든 사람들이 달려들어 친다는 말.

♣ **동무 따라 강남 간다** - 남에게 끌려서 좇아가게 되는 경우를 말함.

♣ **똥 묻은 개가 겨 묻은 개 나무란다** - 자기는 더 큰 흉이 있으면서 도리어 남의 작은 흉을 본다는 말.

♣ **똥이 무서워서 피하나 더러워서 피하지** - 악한 사람을 상대해서 겨루는 것보다 피하는 것이 낫다는 뜻.

♣ **되로 주고 말로 받는다** - 주기는 조금 주고 그 댓가는 훨씬 많이 받는다는 말.

♣ **두부 먹다 이 빠진다** - 마음 놓는 데서 실수가 생긴다는 말로 틀림없는 데서 뜻밖의 실수를

할 때를 이름.

♣ **뚝배기보다 장맛** - 겉에 비하여 내용이 좋다는 말.

♣ **둘러치나 메어치나 일반** - 이렇게 하거나 저렇게 하거나 마찬가지라는 말.

♣ **뒷간에 갈 적 맘 다르고 올 적 맘 다르다** - 사람의 마음은 한결같지 않아서 제가 아쉽고 급할 때는 애써 다니다가 그 일이 끝나면 모르는 체하고 있다는 뜻.

♣ **뒷집 짓고 앞집 뜯어 내란다** - 사리 판단을 못하고 제 욕심만 차린다는 말.

♣ **드는 돌에 낯 붉는다** - 무거운 돌을 들면 힘이 들어 얼굴이 붉어지는 것과 같이 무슨 일이나 결과에는 그 원인이 있다는 말.

♣ **등잔 밑이 어둡다** - 가까운데서 생긴 일이 오히려 먼곳에서 생긴 일보다 때로는 더 모르기 쉽다는 말.

♣ **마른 하늘 벼락 맞는다** - 뜻하지 않은 큰 재앙을 당했다는 말.

♣ **마방(馬房) 집이 망하려면 당나귀만 들어온다** - 마방 집에 죽을 먹는 말이 안 들어오고 날 것만 먹는 당나귀만 들어온다는 말이니 달갑잖은 사람만 찾아 온다는 뜻.

♣ **마소의 새끼는 시골로 보내고, 사람의 새끼는 서울로 보내라** - 마소는 먹이가 풍부한 시골로 보내고 사람은 견문을 많이 넓힐 수 있는 도회지로 보내야 잘 될 수 있다는 말.

♣ **말 가는 데 소도 간다** - 재빠른 이가 비록 앞서 가지만 노력하면 늦게 가는 이도 따라 갈 수 있다는 말.

♣ **말똥에 굴러도 이승이 좋다** - 아무리 고생을 하고 천하게 살더라도 죽는 것보다는 낫다는 말.

♣ **말 많은 집안은 장맛도 쓰다** - 말 많은 집안은 살림이 잘 안된다는 뜻.

♣ **말 속에 말 들었다** - 말 속에 다른 뜻의 말이 들었다는 말.

♣ **말 안하면 귀신도 모른다** - 혼자 속을 태우지 말고 시원스럽게 말을 하라는 뜻.

♣ **말은 할수록 늘고 되질은 할수록 준다** - 같은 내용의 말이라도 사람들의 입을 통해 전해지면 전해질 수록 과장되고, 물건은 옮겨 헤아릴수록 줄어든다는 뜻.

♣ **말은 해야 맛이고 고기는 씹어야 맛이다** - 할 말은 해야 된다는 뜻.

♣ **말이 씨 된다** - 늘 말하던 것이 마침내는 어떤 사실을 유발시키게 됨을 이름.

♣ **말하는 남생이** - 말하는 것을 믿을 수 없는 경우에 쓰는 말로 못 알아들을 말을 한다는 뜻도 된다.

♣ **매도 먼저 맞는 놈이 낫다** - 이왕 겪어야 할 일이라면 아무리 괴롭더라도 남보다 먼저 당하는 것이 낫다는 말.

♣ **매사는 간주인(看主人)이라** - 무슨 일이나 주인이 알아서 재량껏 하는 법이라는 말.

♣ **매사는 불여튼튼이라** - 무슨 일이나 튼튼히 해 놓는 것이 좋다는 말.

♣ **맥도 모르고 침통 흔든다** - 아무 것도 모르면서 아는 척하는 것을 말함.

♣ **머슴살이 삼년에 주인 성 묻는다** - 응당 알고 있어야 할 것도 모르는 사람을 두고 이르는 말.

♣ **먹는데는 남이요 궂은 일엔 일가다** - 좋은 일이 있을 때는 일가라도 찾아오지 않다가 궂은 일이 생기면 찾아와서 일가라고 간청한다는 말.

♣ **모로 가도 서울만 가면 된다** - 무슨 수를 쓰더라도 목적만 이루게 되면 된다는 말.

♣ **모르면 약이요, 아는 게 병** - 아무 것도 모르고 있으면 마음이 편하고 무엇을 좀 알고 있으면 걱정거리만 된다는 말.

♣ 목구멍이 포도청 - 굶주려 먹기 위해서는 어떤 짓이나 하게 된다는 뜻.

♣ 목 마른 놈이 우물 판다 - 필요한 사람이 먼저 일을 시작한다는 말.

♣ 못된 송아지 엉덩이에 불 난다 - 되지 못한 자가 건방지고 나쁜 짓을 한다는 뜻.

♣ 무거운 절 떠나라 말고 가벼운 중 떠난다 - 보기 싫은 자가 있을 경우 내가 먼저 피한다는 말.

♣ 무는 개를 돌아본다 - 사람도 성미가 사납고 말이 많은 사람을 더 주심한다는 말.

♣ 무는 호랑이는 뿔이 없다 - 모든 것을 다 완전히 갖출 수는 없다는 말.

♣ 무쇠도 갈면 바늘 된다 - 꾸준히 노력하면 아무리 어려운 일도 이룰 수 있다는 말.

♣ 무자식(無子息)이 상팔자(上八字)다 - 자식이 없는 것이 도리어 걱정이 없다는 뜻.

♣ 문(門) 바른 집은 써도 입 바른 집은 못 쓴다 - 너무 시비(是非)를 가려서 지나칠 정도로 까다롭게 따지는 사람은 남의 원망과 노여움을 사기 쉽다는 말.

♣ 물과 불과 악처(惡妻)는 삼대 재앙 - 아내를 잘못 만나는 것이 인생의 큰 불행임을 이름.

♣ 물에 빠져도 주머니밖에 뜰 것 없다 - 몸에 아무 것도 지닌 것 없는 가난한 사람이라는 말.

♣ 물에 빠진 놈 건져 놓으니까 보따리 내놓으라 한다 - 남에게 신세를 지고 그것을 갚기는 커녕 도리어 그 은인을 원망한다는 말.

♣ 물에 빠지면 짚이라도 잡는다 - 사람이 위급한 때를 당하면 무엇이나 닥치는 대로 잡고 늘어진다는 말.

♣ 미련하기는 곰이다 - 아주 미련한 사람을 이르는 말.

♣ 미련한 놈 가슴에 고드름이 안 녹는다 - 미련한 사람이 한번 앙심을 품으면 좀처럼 풀어지지 않는다는 말.

♣ 미운놈 떡 하나 더 준다 - 자기가 미워하는 사람에게 그로부터 후환이 없도록 술책상 후하게 하라는 말.

♣ 믿는 도끼에 발등 찍힌다 - 믿고 있던 일, 또는 사람에게 도리어 해를 입었을 때 하는 말.

♣ 미운 중놈이 고깔 모로 쓰고 이래도 밉소 한다 - 미운 것이 더욱 더 미운 짓만 골라 함을 말함.

♣ 미친 체하고 떡 목판에 엎드러진다 - 사리를 잘 알면서도 모르는 체 제 욕심을 채우려 한다는 말.

♣ 바늘 가는 데 실 간다 - 늘 서로 붙어 다닌다는 뜻.

♣ 바늘 구멍으로 황소바람 들어온다 - 추울 때는 아무리 작은 구멍으로 새어 들어오는 바람이라도 차다는 뜻.

♣ 바늘 도둑이 소도둑 된다 - 처음에는 작은 잘못을 저지른 사람이 나중에는 점점 더 큰일까지 저지르게 된다는 뜻.

♣ 발 없는 말이 천리간다 - 말은 그만큼 신속히 퍼지기 쉬운 것이니 말 조심하라는 뜻.

♣ 밤 말은 쥐가 듣고 낮 말은 새가 듣는다 - 말은 저절로 새어나가 시비거리가 되는 것이니 삼가라는 뜻.

♣ 밤새도록 물레질만 한다 - 속셈은 딴 데 있으면서도 그와 관계없는 딴 수작만 하고 있다는 말.

♣ 밥 먹는 것은 개도 안 때린다 - 아무리 큰 잘못이 있더라도 밥을 먹을 때는 때리지 말고 꾸짖지도 말라는 뜻.

♣ 방귀자 잦으면 똥 싸기 쉽다 - 무슨 일이나 작은 일이라도 전조(前兆)가 잦으면 큰일이 나고

야 만다는 뜻.

♣ **방귀 뀐 놈 성낸다** - 자기가 잘못하여 놓고도 도리어 성을 낸다는 말.

♣ **배가 앞 남산(南山)만 하다** - 배가 부르다는 말이고, 특히 임산부의 배를 두고 이름.

♣ **배꼽에 노송(老松)나무 나거든** - 죽어서 묻음에 노송이 날 때란 기약할 수 없는 일이라는 말.

♣ **배 먹고 이 닦기** - 배도 먹은 김에 이도 닦였으니 한 가지 일로써 두 가지 이익을 보았을 때 하는 말.

♣ **배보다 배꼽이 더 크다** - 마땅히 작아야 할 것이 크고, 적어야 할 것이 많을 때 하는 말.

♣ **밴 아이 사내 아니면 계집이지** - 둘 중의 어느 하나가 틀림없다는 뜻.

♣ **뱁새가 황새를 따라 가려면 다리가 찢어진다** - 제 힘에 겨운 일을 억지로 하다가는 도리어 화를 당한다는 뜻.

♣ **번개가 잦으면 천둥을 친다** - 전조(前兆)가 있으면 무엇이든지 당장에 그 일을 처리해 버리려고 하는 사람을 두고 하는 말.

♣ **번갯불에 콩 볶아 먹겠다** - 성질이 몹시 급하여 무엇이든지 당장에 그 일을 처리해 버리려고 하는 사람을 두고 하는 말.

♣ **범 굴에 들어가야 범을 잡지** - 큰 목적을 이루려면 그만한 위험이 따른다는 말.

♣ **범 무서워 산에 못 가랴** - 마음에 걸리는 일이 있더라도 할 일은 해야 한다는 말.

♣ **벼룩도 낯짝이 있다** - 너무 뻔뻔스러운 사람을 보고 하는 말.

♣ **병 주고 약 준다** - 무슨 일을 망치게 해 놓고 뒤에 도와 준다는 말.

♣ **뽕도 따고 임도 보고** - 두 가지 일을 동시에 이룸을 말한다.

♣ **부뚜막의 소금도 집어 넣어야 짜다** - 아무리 쉬운 일이라도 하지 않으면 소용없다는 말.

♣ **부모가 자식을 겉 낳았지 속 나았나** - 아무리 제 가 낳은 자식이지만 그 자식의 속마음은 알 수 없다는 말로 자식의 잘못은 부모의 책임이 아니라는 말.

♣ **뿌리 깊은 나무는 가뭄 타지 않는다** - 무엇이나 근원이 깊고 튼튼하면 오래 견딘다는 말.

♣ **부모가 온 효자가 되어야 자식이 반 효자** - 자식은 부모가 하는 것을 보고 따라 하게 된다는 말. 또는 비록 좋은 감화(感化)를 받는다 해도 온전하게 되기는 어렵다는 말도 된다.

♣ **부모는 차례 걸음이라** - 부모의 죽음을 슬퍼하는 자식에게 나이 많은 부모가 으레 먼저 돌아 가시는 법이라는 위로의 말.

♣ **부모 속에는 부처가 들어 있고 자식 속에는 앙칼이 들어 있다** - 부모는 자식을 무한히 사랑 하나 자식은 그렇기가 어렵다는 뜻.

♣ **부스럼 살 될까** - 이미 그릇된 것이 다시 좋아질 수가 없다는 말.

♣ **부앗김에 서방질한다** - 참을 수 없는 홧김에 분별없이 행동하여 더욱 큰일을 저지름을 말함.

♣ **부자 망해도 삼년 간다** - 부자이던 사람은 망했다 해도 얼마 동안은 그럭저럭 살아갈 수 있다는 뜻.

♣ **부처님 마르고 살찌기는 석수(石手)에게 달렸다** - 일이 잘 되고 못 되는 것은 그 일을 맡은 사람에게 달렸다는 뜻.

♣ **북은 칠수록 소리난다** - 하면 할수록 그만큼 손해만 커진다는 뜻.

♣ **복은 쌍으로 안 오고 화는 홀로 안 온다** - 기쁜 일은 겹쳐 오지 않고, 화는 연거푸 닥쳐온다는 뜻.

♣ **불난 데 부채질한다** - 남의 안 되는 일이 더 안 되도록 심술을 부리거나 화난 사람을 더 노하게 한다는 뜻.

♣ 불뚝 성이 살인 낸다 - 불뚝 성이 나서 큰 사고를 저지른다는 말.

♣ 비는 데는 무쇠도 녹는다 - 자기 잘못을 뉘우치고 사과하면 아무리 완고한 사람도 용서해 준다는 말.

♣ 비단 옷 입고 밤길 가기 - 애쓰고도 아무도 알아 주는 이가 없다는 뜻.

♣ 비둘기는 콩밭에만 마음이 있다 - 먹을 것이 있는 곳에만 마음을 기울이고 애쓴다는 뜻.

♣ 비렁뱅이가 하늘을 불쌍히 여긴다 - 쓸데없는 걱정을 한다는 뜻.

♣ 빈 수레가 더 요란하다 - 지식이 없고 교양 부족한 사람이 더 아는 체 하고 떠든다는 뜻.

♣ 빚 보증하는 자식 낳지도 마라 - 까딱하면 자기 손으로 단 한 푼도 써 보지 못하고 빚돈을 대신 갚아 줘야 하므로 경계하는 말.

♣ 빛 좋은 개살구 - 겉모양은 좋으나 실속이 없다는 뜻.

♣ 사공이 많으면 배가 산으로 올라간다 - 무슨 일을 할 때 간섭하는 사람이 많으면 일이 잘 안 된다는 뜻.

♣ 사돈네 남의 말한다 - 제 일을 놔두고 남의 일에 참견한다는 뜻.

♣ 사돈의 팔촌 - 자기와 아무 상관없는 남이라는 뜻.

♣ 사돈집과 뒷간은 멀수록 좋다 - 사돈집과의 사이에는 서로 말이 많고, 뒷간은 고약한 냄새가 나므로 멀수록 좋다는 뜻.

♣ 사람은 죽어서 이름을 남기고 범은 죽어서 가죽을 남긴다 - 사람은 생전에 좋은 일을 하여 후세에 명예로운 이름을 남겨야 한다는 뜻.

♣ 사위는 백년 손이요 며느리는 종신(終身)식구다 - 사위와 며느리는 남의 자식으로 사위는 남이지만 며느리는 제집안 식구란 말.

♣ 사위도 반 자식이다 - 사위도 때로는 자식 구실을 할 때가 있다는 말.

♣ 사위 사랑은 장모, 며느리 사랑은 시아버지 - 장모는 사위를 아끼고 시아버지는 며느리를 귀여워 한다는 말.

♣ 사촌이 땅을 사면 배가 아프다 - 사람은 남이 잘 되는 것을 공연히 시기한다는 뜻.

♣ 사흘 굶어 담 아니 넘을 놈 없다 - 아무리 착한 사람이더라도 몹시 궁핍하게 되면 옳지 못한 짓도 저지르게 된다는 뜻.

♣ 싸라기 밥을 먹었나 - 반말 하는 사람을 핀잔 줄 때 하는 말.

♣ 싼 것이 비지떡 - 값싼 물건은 당연히 품질이 좋지 않다는 말.

♣ 산 사람의 목구멍에 거미줄 치랴 - 사람은 아무리 가난해도 굶어 죽지 않는다는 말.

♣ 산이 깊어야 범이 있다 - 자기에게 덕망이 있고 생각이 깊어야 사람들이 따른다는 뜻.

♣ 쌍지팡이 짚고 나선다 - 기를 쓰고 못하게 말린다는 말.

♣ 세침데기 골로 빠진다 - 내성적이고 새침한 사람이 한번 실수하여 어떤 일에 집착하게 되면 외향적(外向的)인 사람보다도 더 외곬으로 빠져 든다는 말.

♣ 서당개 삼 년에 풍월(風月)한다 - 어리석은 사람도 늘 보고 들은 일은 능히 할 수 있게 된다는 말.

♣ 서른 세 해 만에 꿈 이야기 한다 - 오래 묻어 두었던 일을 새삼스레 얘기한다는 뜻.

♣ 서울 놈은 비만 오면 풍년이란다 - 서울 사람이 농삿일에 대하여 전혀 알지 못하는 것을 비웃는 말로써, 문외한(門外漢)이 일부의 일만 보고 아는 체 잘못 단정을 내린다는 뜻.

♣ 선 무당이 사람 잡는다 - 능숙하지 못한 사람이 아는 체하여 일을 하다가 아주 일을 망쳐 놓는다는 말.

♣ 설마가 사람 죽인다 - 설마 그럴리야 없겠지 하고 믿고 있는 일에 낭패를 본다는 말.

♣ 성나 바위 차기 - 애매한 데 화풀이를 하면 도리어 제가 해롭고 역경을 거슬러 억지를 부린다고 해서 일이 제대로 되는 것은 아니라는 말.

♣ 세 닢 주고 집 사고, 천 냥 주고 이웃 산다 - 세상살이를 하는데 이웃이 중요하다는 말.

♣ 세 사람만 우겨대면 없는 호랑이도 만들어 낼 수 있다 - 여러 사람이 모여 떠들고 소문을 내면 없는 말도 생긴다는 뜻.

♣ 세 살 먹은 아이도 제 손엣건 안 내놓는다 - 사람은 누구나 제 것을 내어 놓기 싫어한다는 말.

♣ 세살 적 버릇이 여든까지 간다 - 어렸을 때 한번 굳어진 버릇은 늙도록 고치기 어렵다는 말.

♣ 소가 크면 왕노릇 하나 - 몸이 크고 힘만 세다고 해서 지도자가 될 수는 없다는 말.

♣ 소경이 개천을 나무란다 - 제 잘못은 탓하지 않고 남만을 원망한다는 말.

♣ 소경 잠 자나 마나 - 일을 하나 마나 마찬가지란 뜻.

♣ 소경 죽이고 살인 빚 갚는다 - 하찮은 일을 저지르고 큰 책임을 지게 된다는 뜻.

♣ 소금 먹은 놈이 물 켠다 - 죄지은 놈은 벌을 받게 되고 빚진 사람은 빚을 갚게 된다는 뜻.

♣ 소도 언덕이 있어야 비빈다 - 사람도 의지할 곳이 있어야 그것을 발판으로 삼아 성공할 수 있다는 말.

♣ 소리개도 오래면 꿩을 잡는다 - 한 가지 일을 오랫동안 계속하여 경력을 쌓으면 재주없는 사람도 결국에는 정통하게 된다는 말.

♣ 소문난 잔치 먹을 것 없다 - 소문난 것이 흔히 소문에 비해 보잘 것 없다는 말.

♣ 소 잃고 외양간 고친다 - 이미 일을 그르친 뒤에 대비해도 소용이 없다는 말.

♣ 속으로 기역자 긋는다 - 결정을 지어 마음먹는다는 뜻.

♣ 손이 들이 굽지 내 굽나 - 가까운 사람에게 마음이 가게 마련이라는 뜻.

♣ 손톱 밑에 가시 드는 줄은 알면서도 염통 밑이 쉬 썩는 줄은 모른다 - 사소한 일이나 조그마한 이익에는 눈이 밝지만 당장 눈에 보이지 않는 큰 손해 나는 일에는 어둡다는 말.

♣ 쇠똥에 미끄러져 개똥에 코 박은 셈 - 연거푸 실수하여 어이가 없거나, 매우 억울한 일을 당하여 못견딜 노릇이라는 뜻.

♣ 쇠 먹은 똥은 삭지도 않는다 - 뇌물을 쓰면 효과가 있다는 말.

♣ 쇠뿔도 단김에 빼라 - 무슨 일이나 시작하면 당장에 해치우라는 뜻.

♣ 수박 겉 핥기 - 내용이나 참 뜻은 모르면서 겉으로 건성으로만 일을 하는 것을 말함.

♣ 수양산(首陽山) 그늘이 강동(江東) 팔십리를 간다 - 어떤 사람이 잘 되어 기세가 좋으면 그의 친척이나 친구가 모두 그 덕을 본다는 뜻.

♣ 수염이 댓자라도 먹어야 양반 - 사람이란 먹는 것이 가장 중하다는 뜻.

♣ 숭어가 뛰니까 망둥이도 뛴다 - 제 처지는 생각하지도 않고 저보다 나은 사람을 덮어놓고 모방하려 애쓴다는 뜻.

♣ 씨 보고 춤춘다 - 오동나무의 씨만 보고도 그 씨를 심어 자란 오동나무로 가야금을 만들 생각을 하여 벌써부터 춤을 춘다는 뜻으로 성미가 급하여 너무 일찍 서두른다는 뜻.

♣ 씨아와 사위는 먹고도 안 먹는다 - 목화씨를 앗는 씨아가 목화를 먹어도 당연한 것처럼 사위는 아무리 먹어도 아깝지 낳다는 말로써, 흔히 사위를 극진하게 대접한다는 뜻.

♣ 시어미 죽고 처음이다 - 오랜만에 속 시원하고 만족스럽다는 말.

♣ 시장이 반찬이다 - 배가 고플 때는 무슨 음식이건 잘 먹는다는 말.

♣ 식은 죽 먹기 - 아주 쉬운 일이라는 뜻.

♣ 식혜 먹은 고양이 속 - 제가 저지른 일이 탄로될까 봐 노심초사하는 상태를 말함.

♣ 신선 놀음에도 도끼자루 썩는 줄 모른다 - 좋은 일에 정신이 팔려 시간 가는 줄 모른다는 뜻.

♣ 실없는 말이 송사(訟事) 건다 - 실없이 한 말 때문에 큰 변이 생긴다는 뜻.

♣ 실성한 영감 죽은 딸네집 간다 - 정신없이 아무데나 잘못 가 거기가 어딘가 하고 둘러본다는 뜻.

♣ 십년 공부 나무아비타불 - 오랫동안 노력한 보람도 없이 허사로 돌아갔을 때 쓰는 말.

♣ 십년이면 강산(江山)도 변한다 - 십 년이란 세월이 흐르면 세상에 변하지 않는 것이 없다는 말.

♣ 십인십색(十人十色) - 열 사람이면 열 사람의 성격이나 사람됨이 제각기 다르다는 말.

♣ '아' 다르고 '어' 다르다 - 비록 사소한 사이라도 그 말씨 여하로 상대편에게 주는 느낌은 크게 다르다는 뜻.

♣ 아니 땐 굴뚝에 연기 날까 - 어떤 일이거나 그 결과에는 반드시 원인이 있다는 말.

♣ 아닌 방중에 홍두깨 - 별안간 불쑥 내놓는다는 뜻.

♣ 아이 싸움이 어른 싸움된다 - 어린아이들의 싸움이 나중에는 부모들의 시비로 변한다는 말.

♣ 아저씨 아저씨 하고 길짐만 지운다 - 겉으로 존경하는 체 하면서 사람을 부려 먹는다는 뜻.

♣ 아주머니 떡도 싸야 사 먹는다 - 어떤 경우라도 이해 관계는 따져본다는 뜻.

♣ 악으로 모은 살림 악으로 망한다 - 나쁜 짓을 하여 모은 재산은 오래 가지 못하고 오히려 해를 끼치게 된다는 뜻.

♣ 안 되는 놈은 뒤로 넘어져도 코가 깨진다 - 일이 잘 안 될 때에는 뜻하지 않은 실패와 재난이 겹친다는 말.

♣ 안성마춤 - 경기도 안성(安城)은 옛날부터 유기(鍮器)의 명산지로써 주문에 따라 그릇을 꼭 맞추어 만든데서 나온 말로 무엇이 꼭 들어 맞을 때 하는 말.

♣ 앉아서 주고 서서 받는다 - 돈을 꾸어 주기는 쉽고 돌려받기는 어렵다는 뜻.

♣ 암닭이 울면 집안이 망한다 - 집안에서 여자가 남자보다 활달하여 안팎 일을 간섭하면 집안 일이 잘 안 된다는 말.

♣ 약방(藥房)에 감초(甘草) - 무슨 일이나 빠짐없이 참여하는 사람을 이름.

♣ 양반은 물에 빠져도 개헤엄은 안 한다 - 아무리 위급한 때에라도 점잖은 사람은 체면 깎이는 일은 하지 않는다는 뜻.

♣ 양지(陽地)가 음지(陰地)되고 음지가 양지된다 - 세상 일이란 기복이 많다는 말.

♣ 어느 구름에서 비가 올지 - 일이란 되어 보아야 알지 미리 짐작을 할 수 없다는 말.

♣ 어물전 망신은 꼴뚜기가 시킨다 - 동료들의 망신을 못난 사람이 시킬 때 쓰는 말.

♣ 어느 장단에 춤추랴 - 참견하는 사람이 많아서 어느 말을 좇아야 할지 모른다는 말.

♣ 어미 팔아 동무 산다 - 부모도 소중하지만 친구 사귀기도 무척 중요하다는 말.

♣ 억지 춘향이 - 사리에 맞지 않아 안 될 일을 억지로 한다는 뜻.

♣ 언 발에 오줌 누기 - 잠시 효과는 있을지 모르나 마침내는 더 나쁘게 될 일을 한다는 말.

♣ 여든에 능참봉을 하니 한달에 거동이 수물 아홉 번이라 - 오래 고대하고 바라던 일이 이루어지기는 했으나 수고로운만큼의 실속은 없다는 말.

♣ 여름 비는 잠 비, 겨울 비는 떡 비 - 여름에 비가 오면 낮잠을 자게 되고, 겨울에 비가 오면 떡을 해먹게 된다는 뜻.

♣ **열고 보나 닫고 보나** - 이렇게 하나 저렇게 하나 매일반이라는 말.

♣ **열두 가지 재주 가진 놈이 저녁거리가 없다** - 어정쩡한 여러 가지 재능을 가진 사람이 한 가지 재능을 가진 사람보다 어렵다는 말.

♣ **열 번 찍어 안 넘어 가는 나무 없다** - 여러 번 계속해서 애쓰면 일이 성사가 된다는 뜻.

♣ **열 사람이 지켜도 한 도둑을 못 막는다** - 여러 사람이 한 사람의 나쁜 짓을 막기는 어렵다는 말.

♣ **열 소경에 한 막대** - 매우 요긴하게 쓰이는 소중한 물건을 말함.

♣ **열 손가락 중 어느 손가락 깨물어 아프지 않을까** - 자식이 아무리 많아도 부모의 자애로운 마음에는 어느 자식이 더 소중하고 덜 소중하게 느껴지지 않고 다 같다는 뜻.

♣ **염불에는 맘이 없고 잿밥에만 맘이 있다** - 제가 해야 할 일에는 정신을 들이지 않고 제 욕망을 채우기 위한 다른 일에만 마음을 쓴다는 뜻.

♣ **오뉴월 감기는 개도 안 앓는다** - 여름에 감기 앓는 사람을 비웃는 말.

♣ **오래 앉으면 새도 살을 맞는다** - 이로운 곳이라고 너무나 오래 있으면 화(禍)를 당한다는 뜻.

♣ **오르지 못할 나무는 쳐다 보지도 말라** - 자기 힘으로 될 수 없는 일이면 처음부터 손 대지 말라는 말.

♣ **오지랖이 넓다** - 자기에게 관계없는 일에 나서서 간섭하는 사람을 두고 하는 말.

♣ **옥(玉)에도 티가 있다** - 아무리 좋은 물건이나 훌륭한 사람에게도 한 가지 결점은 있다는 말.

♣ **옷은 새 옷이 좋고 사람은 옛사람이 좋다** - 물건은 새 것일수록 좋고 사람은 오래 사귈수록 정의가 두터워 좋다는 말.

♣ **우물 안의 개구리** - 견식(見識)이 좁아 세상 형편을 잘 모르는 사람을 말함.

♣ **우물을 파도 한 우물을 파라** - 무슨 일이나 한 가지 일을 끝까지 밀고 나가야 성공할 수 있다는 말.

♣ **울고 싶자 매 때린다** - 무슨 일을 하고 싶은데 마땅한 구실이 없어 못하다가 때마침 좋은 핑계거리가 생겼다는 말.

♣ **울며 겨자 먹기** - 싫은 일이지만 부득한 사정으로 안 할 수 없는 경우를 말함.

♣ **원님 덕에 나팔 분다** - 남의 덕에 좋은 대접을 받는다는 뜻.

♣ **원수는 외나무 다리에서 만난다** - 남과 원한을 맺으면 피치 못할 경우에 만나는 일이 있다는 말.

♣ **이가 없으면 잇몸으로 살지** - 조금은 아쉽지만 없으면 없는 대로 또 다른 방법이 있다는 말.

♣ **일색(一色) 소박은 있어도 박색(薄色)소박은 없다** - 얼굴이 아름다운 여자는 살림살이보다 제 얼굴 치장에 더 마음을 쓰고 행실이 경박해 박색보다 소박당하는 일이 더 많다는 뜻.

♣ **자는 범 코침 주기** - 공연히 건드려서 일을 키워 위험을 산다는 말.

♣ **자다가 봉창 두드린다** - 아무 관계도 없는 딴 소리를 불쑥 내놓을 때를 말함.

♣ **자라 보고 놀란 가슴, 솥뚜껑 보고 놀란다** - 무엇에 한 번 몹시 놀란 사람은 그와 유사한 물건만 보아도 몹시 겁을 먹는다는 뜻.

♣ **자식은 내 자식이 커 보이고 벼는 남의 벼가 커 보인다** - 자식은 제 자식이 잘나보이고, 재물은 남의 것이 더 커보이고 탐난다는 말.

♣ **자식을 길러 봐야 부모 은공을 안다** - 부모의 입장이 되어 봐야 비로소 부모님의 사랑을 헤

아릴 수 있다는 말.

♣ **작게 먹고 가는 똥 누지** - 이득을 너무 지나치게 탐내지 말고 자기에게 알맞게 조금씩 취하는 것이 낫다는 말.

♣ **작은 고추가 더 맵다** - 몸집이 작은 사람이 큰 사람보다 더 단단하고 영악스럽다는 말.

♣ **잔솔밭에서 바늘 찾기** - 애써 해 봐야 헛일이라는 뜻.

♣ **장닭이 울어야 날이 새지** - 집안에서 일을 처리하는 데는 남편이 주장이 되어야 해결이 된다는 말.

♣ **장비(張飛)야 내 배 다칠라** - 교만하고 잘난 체하는 것을 비꼬아서 하는 말.

♣ **재수 없는 포수는 곰을 잡아도 웅담(熊膽)이 없다** - 운수가 나쁜 사람은 무슨 짓을 하더라도 잘 안 된다는 말.

♣ **재주는 곰이 넘고 돈은 되놈이 번다** - 애써 일한 사람이 따로 있고 그 일에 대한 보수는 전혀 다른 사람이 받는다는 뜻.

♣ **저녁 굶은 시어미 상(相)같다** - 못마땅하여 얼굴을 잔뜩 찌푸리고 있는 모양을 말함.

♣ **저런 걸 낳지 말고 호박이나 낳았더라면 국이나 끓여 먹지** - 사람이 미련하여 도무지 마땅치 않을 때 욕하는 말.

♣ **저렇게나 급하면 할미 속으로 왜 아니 나와** - 매우 성미가 급한 사람을 보고 하는 말.

♣ **저승 길과 변소 길은 대신 못간다** - 죽음과 용변(用便)은 남이 대신 해 줄 수 없다는 말.

♣ **저승 길이 대문 밖이다** - 죽음이란 멀리 있는 듯 싶으나 실은 바로 가까이에 있는 것인 즉 언제 죽을지 모른다는 말.

♣ **저 팽이가 돌면 이 팽이도 돈다** - 저쪽 사정이 변하면 이쪽 사정도 달라진다는 말.

♣ **적적할 때는 내 볼기짝 친다** - 하는 일 없이 무료할 때는 쓸데없는 아무 짓이라도 한다는 말.

♣ **절에 가면 중 되고 싶고 마을에 가면 속인 되고 싶다** - 주견(主見)이 없어 남이 이 일을 하면 이것이 좋게 보이고 저일을 하면 저것이 좋게 보여 덮어놓고 따라 하려 한다는 말.

♣ **절에 가 젓국 찾는다** - 당치 않는 곳에 가서 그 물건을 찾는다는 말로써 마땅히 있을 곳에 가야 그 물건이 있다는 뜻.

♣ **절에 간 색시** - 남이 시키는 데로만 따라 하는 사람을 말함.

♣ **점잖은 강아지 부뚜막에 오른다** - 겉으로는 점잖은 체하는 사람이 엉뚱한 짓은 남 먼저 한다는 뜻.

♣ **제 논에 물 대기** - 제게만 유리하도록 일을 한다는 말.

♣ **제 버릇 개 줄까** - 타고난 결점은 여간한 노력으로 고치기 어렵다는 뜻.

♣ **제 칼도 남의 칼 집에 들면 찾기 어렵다** - 비록 자기 물건이라도 남의 손에 들어가고 나면 제 마음대로 할 수 없다는 말.

♣ **족제비는 꼬리 보고 잡는다** - 족제비는 꼬리가 가장 긴요하게 쓰이는 것이라 꼬리가 없으면 잡을 필요가 없다는 말로 무슨 일이든 그 목적이 있고 노리는 바가 있다는 말.

♣ **죽 쑤어 개 좋은 일한다** - 애써 만들어 놓은 일이 나보다 남을 이롭게 했다는 말.

♣ **죽어 보아야 저승을 알지** - 무슨 일이나 경험해 보아야 그 진상을 알 수 있다는 말.

♣ **죽은 사람 원도 풀어주는데 산 사람 소원이야** - 이미 죽고 없는 사람의 원을 푸닥거리로 해서 풀어 주는데 하물며 살아 있는 사람의 소원이야 풀어 주지 못하겠느냐는 말.

♣ **죽은 자식 나이 세기** - 이미 엎지러진 일을 생각하고 회상해도 아무 소용이 없다는 말.

♣ **죽이 끓는지 밥이 끓는지** - 무엇이 어떻게 되는 지 도무지 모른다는 뜻.

♣ **줄 듯 줄 듯 하면서 안준다** - 말로만 준다준다 하고 도무지 실행은 하지 않는다는 뜻.

♣ **주인 많은 나그네 밥 굶는다** - 해 준다는 사람이 너무 많으면 서로 해 주거니 하고 믿다가 결국 일이 안 된다는 뜻.

♣ **주제에 수캐라고 다리 들고 오줌 눈다** - 못난 자가 제 구실을 한다고 떠들어 댄다는 뜻.

♣ **쭈그렁 밤송이 삼년 간다** - 아주 약해 보이는 사람이 오래 살아 목숨을 이어 간다는 말.

♣ **줄수록 양양** - 사람의 욕심은 끝이 없어 주면 줄수록 더 요구한다는 말.

♣ **중매는 잘하면 술이 석 잔이요, 못하면 뺨이 세 대라** - 중매하기가 무척 어렵다는 뜻.

♣ **중은 중이라도 절 모르는 중이라** - 반드시 알아야 할 처지에 있으면서도 모르고 있다는 말.

♣ **중이 고기 맛을 알면 법당에 파리가 안 남는다** - 무슨 일에 혹하여 그만 정신없이 미쳐서 날뛴다는 말.

♣ **중이 미우면 가사(袈裟)까지 밉다** - 그 사람이 밉다 보면 그에게 딸린 것들이 모두 밉게만 보인다는 뜻.

♣ **지렁이도 밟으면 꿈틀 한다** - 아무리 순하고 약한 사람이라도 억압하면 항거를 한다는 뜻.

♣ **집과 계집은 가꾸기 탓** - 허술한 집도 변변찮은 집도 평소 잘 가꾸면 훌륭하게 된다는 말.

♣ **차(車)치고 포(包)친다** - 무슨 일이나 당당하게 잘 해결해 내어 수완이 좋다는 뜻.

♣ **찬 물도 위 아래가 있다** - 무슨 일에나 상(上)·하(下)의 순서가 있다는 말.

♣ **참새가 방앗간 그저 지나랴** - 욕심 많은 사람이 이(利)를 보고 그냥 지나칠 리 없다는 말.

♣ **참을 인(忍)자 셋이면 살인도 피한다** - 아무리 분한 일이 있어도 참으면 위기를 모면할 수 있다는 말.

♣ **처삼촌(妻三寸) 뫼에 벌초하듯** - 무슨 일을 할 때 정성을 들이지 않고 건성으로 조잡하게 한다는 말.

♣ **첩 정은 삼년, 본처 정은 백년** - 첩에게 혹한 사람이라도 오래 지나지 않아 본처에게로 돌아온다는 뜻.

♣ **첫 딸은 살림 밑천** - 첫딸은 가사(家事)에 큰 도움을 주게 된다는 뜻.

♣ **청(廳)을 빌려 방에 들어간다** - 처음에는 조심스럽게 조금씩 하던 일도 차차 재미를 붙여 더 심한 짓을 한다는 말.

♣ **치장 차리다가 신주 개 물려 보낸다** - 너무 늦장을 부리다가 좋은 기회를 다 놓치고 만다는 뜻.

♣ **칼 물고 뜀뛰기** - 최후의 목숨을 걸고 성패를 모험적으로 한다는 뜻.

♣ **코가 쉰 댓자나 빠졌다** - 근심 걱정이 많아 맥이 쑥 빠졌다는 뜻.

♣ **콩 심은데 콩 나고 팥 심은 데 팥 난다** - 모든 일은 그 원인에 따라 결과가 생긴다는 말.

♣ **콩으로 매주를 쑨다 해도 곧이 안 듣는다** - 남에 대한 불신감(不信感)이 대단하여 남의 말을 절대로 믿지 않겠다는 말.

♣ **콩이야 팥이야 한다** - 별 차이 없는 것을 가지고 다르다고 따지거나 시비한다는 말.

♣ **콩죽은 내가 먹었는데 왜 네가 배를 앓느냐** - 일은 내가 저질렀는데 그 걱정은 왜 네가 하느냐 라는 말.

♣ **콩 칠팔(七八) 새 삼륙(三六)한다** - 두서를 잡을 수 없고 혼동이 되었을 때 쓰는 말.

♣ **키 크면 속 없고 키 작으면 자발 없다** - 흔히 키 큰 사람은 실속 없고 싱거우며 키 작은 사람은 참을성 없고 행동이 가볍다는 말.

♣ **태산을 넘으면 평지를 본다** - 어려운 고비를 넘기면 평탄한 길이 열린다는 뜻.

♣ **털도 아니 난 것이 날기부터 하려 한다** - 제 실력도 없는 자가 제 분수에 맞지 않는 엄청난 일을 하려 한다는 말.

♣ **토끼를 다 잡으면 사냥개를 삶는다** - 필요할 때는 신중히 여기다가도 이용 가치가 없으면 천대하고 관계를 끊는다는 말.

♣ **티끌 모아 태산** - 아무리 작은 것이라도 많이 모으고 쌓이면 많아진다는 말.

♣ **팔은 안으로 굽는다** - 사람은 누구나 자기과 가까운 사람에게 정이 더 쏠린다는 말.

♣ **평양감사도 저 싫으면 그만이다** - 아무리 좋은 일이라도 제가 하기 싫다면 억지로 시킬 수는 없다는 뜻.

♣ **포도청(捕盜廳)문고리도 뽑겠다** - 겁이 없고 담이 큰 사람을 두고 하는 말.

♣ **풍년 거지 더 섧다** - 남들은 다 잘 살아가는데 저만 어렵게 지내는 처지가 더 슬프다.

♣ **핑계 없는 무덤 없다** - 잘못을 저지르고도 여러 가지 핑계를 댈 때 하는 말로써, 무슨 일이든지 핑계거리는 있다는 뜻.

♣ **핑계 핑계 도라지 캐러 간다** - 적당한 핑계를 달아서 놀러간다는 뜻.

♣ **하나는 열을 꾸려도 열은 하나를 못 꾸린다** - 한 부모는 여러 자식을 거느리고 살아나가도 자식은 여럿 있어도 한 부모를 모시기가 어렵다는 뜻.

♣ **하나만 알고 둘은 모른다** - 도무지 융통성이 없고 미련하다는 말.

♣ **하늘 높은 줄을 알아도 땅 넓은 줄은 모른다** - 키가 작고 옆으로만 뚱뚱하게 생긴 사람을 보고 하는 말.

♣ **하늘 보고 주먹질 한다** - 아무 소용없는 짓을 한다는 뜻.

♣ **하늘 보고 침 뱉기** - 자기 스스로 자기에게 욕이 되게 한다는 뜻.

♣ **하늘 울 때마다 벼락 칠까** - 그렇지 않고 예외일 때도 있다는 말.

♣ **하늘을 봐야 별을 따지** - 어떤 일이든지 성과를 보려면 노력과 정성이 들어야 하고 그 원인이 있어야 한다는 말.

♣ **하늘의 별 따기** - 매우 하기 어려워서 이룰 가망이 없다는 말.

♣ **하늘이 돈 짝만 하다** - 정신이 어찔거려서 사물을 볼 수가 없다는 말.

♣ **하늘이 무너져도 솟아날 구멍이 있다** - 아무리 큰 재난을 당하더라도 그것을 벗어날 길은 있다는 말.

♣ **하룻강아지 범 무서운 줄 모른다** - 철 모르고 함부로 덤비는 것을 말함.

♣ **한 노래 긴 밤 새울까** - 한 가지 일만 가지고 세월을 허송세월 하지 말고 그만 둘 때가 되면 그만두고 딴 일을 하라는 뜻.

♣ **한 다리가 천리(千里)** - 조금이라도 더 가까운 사람에게 정이 쏠린다는 말.

♣ **한 술 밥에 배 부르랴** - 무슨 일이고 처음에 큰 성과를 기대할 수는 없고 힘을 조금 들이고는 큰 효과를 바랄 수 없다는 말.

♣ **헌 짚신도 짝이 있다** - 아무리 어렵고 가난한 사람도 다 짝이 된다는 말.

♣ **혀 아래 도끼 들었다** - 말을 잘못하면 큰 재앙을 불러오게 된다는 말.

♣ **호랑이도 제 말 하면 온다** - 이야기하고 있는데 마침 장본인이 그때 나타날 때 하는 말.

잘못 쓰기 쉬운 漢字 (1)

綱	법	강	網	그물	망	問	물을	문	間	사이	간
開	열	개	閑	한가할	한	未	아닐	미	末	끝	말
決	정할	결	快	유쾌할	쾌	倍	갑절	배	培	북돋을	배
徑	지름길	경	經	날	경	伯	맏	백	佰	어른	백
古	예	고	右	오른	우	凡	무릇	범	几	안석	궤
困	지칠	곤	因	인할	인	復	다시	부	複	거듭	복
科	과목	과	料	헤아릴	료	北	북녘	북	兆	조	조
拘	잡을	구	枸	구기자	구	比	견줄	비	此	이	차
勸	권할	권	歡	기쁠	환	牝	암컷	빈	牡	수컷	모
技	재주	기	枝	가지	지	貧	가난	빈	貪	탐할	탐
端	끝	단	瑞	상서	서	斯	이	사	欺	속일	기
代	대신	대	伐	벨	벌	四	넉	사	匹	짝	필
羅	그물	라	罹	만날	리	象	형상	상	衆	무리	중
旅	나그네	려	族	겨레	족	書	글	서	晝	낮	주
老	늙을	로	考	생각할	고	設	세울	설	說	말씀	설
綠	초록빛	록	緣	인연	연	手	손	수	毛	털	모
論	의논할	론	輪	바퀴	륜	熟	익힐	숙	熱	더울	열
栗	밤	률	粟	조	속	順	순할	순	須	모름지기	수
摸	본뜰	모	模	법	모	戌	개	술	戍	막을	수
目	눈	목	自	스스로	자	侍	모실	시	待	기다릴	대

잘못 쓰기 쉬운 漢字 (2)

字	뜻	음	字	뜻	음	字	뜻	음	字	뜻	음
市	저자	시	布	베풀	포	情	인정	정	清	맑을	청
伸	펼	신	坤	땅	곤	爪	손톱	조	瓜	오이	과
失	잃을	실	矢	살	시	准	법	준	淮	물이름	회
押	누를	압	抽	뽑을	추	支	지탱할	지	攴	칠	복
哀	슬플	애	衷	가운데	충	且	또	차	旦	아침	단
冶	녹일	야	治	다스릴	치	借	빌릴	차	措	정돈할	조
揚	나타날	양	楊	버들	양	淺	얕을	천	殘	나머지	잔
億	억	억	憶	생각할	억	天	하늘	천	夭	재앙	요
與	더불어	여	興	일어날	흥	天	하늘	천	夫	남편	부
永	길	영	氷	얼음	빙	撤	걷을	철	撒	뿌릴	살
午	낮	오	牛	소	우	促	재촉할	촉	捉	잡을	착
于	어조사	우	干	방패	간	寸	마디	촌	才	재주	재
雨	비	우	兩	두	량	坦	넓을	탄	垣	낮은담	원
圓	둥글	원	園	동산	원	湯	끓을	탕	陽	볕	양
位	자리	위	泣	울	읍	波	물결	파	彼	저	피
恩	은혜	은	思	생각할	사	抗	항거할	항	坑	묻을	갱
作	지을	작	昨	어제	작	幸	다행	행	辛	매울	신
材	재목	재	村	마을	촌	血	피	혈	皿	접씨	명
沮	막을	저	阻	막힐	조	侯	제후	후	候	모실	후
田	밭	전	由	말미암을	유	休	쉴	휴	体	상여군	분

一字 多音 漢字

降	내릴	강	降雨量 (강우량)	否	아니	부	否定(부정)	食	먹을	식	食堂(식당)

한자	뜻	음	예	한자	뜻	음	예	한자	뜻	음	예
降	내릴	강	降雨量 (강우량)	否	아니	부	否定(부정)	食	먹을	식	食堂(식당)
	항복할	항	降伏(항복)	北	막힐	비	否塞(비색)		밥	사	疏食(소사)
車	수레	거	車馬費 (거마비)		북녘	북	南北(남북)	識	알	식	知識(지식)
	수레	차	車庫(차고)		달아날	배	敗北(패배)		기록할	지	標識(표지)
見	볼	견	見聞(견문)	寺	절	사	寺院(사원)	惡	악할	악	善惡(선악)
	나타날	현	見夢(현몽)		관청	시	太常寺 (태상시)		미워할	오	憎惡(증오)
更	고칠	경	更張(경장)	狀	형상	상	狀態(상태)	易	바꿀	역	交易(교역)
	다시	갱	更生(갱생)		문서	장	賞狀(상장)		쉬울	이	容易(용이)
龜	거북	귀	龜鑑(귀감)	殺	죽일	살	殺生(살생)	切	끊을	절	切斷(절단)
	나라	구	龜茲(구자)		감할	쇄	相殺(상쇄)		모두	체	一切(일체)
	갈라질	균	龜裂(균열)	塞	변방	새	要塞(요새)	直	곧을	직	正直(정직)
金	쇠	금	金屬(금속)		막을	색	塞源(색원)		값	치	直錢(치전)
	성	김	김씨(金氏)	索	찾을	색	思索(사색)	參	참여할	참	參席(참석)
茶	차	다	茶菓(다과)		쓸쓸할	삭	索莫(삭막)		석	삼	參萬(삼만)
	차	차	茶禮(차례)	說	말씀	설	說明(설명)	推	밀	추	推理(추리)
度	법도	도	制度(제도)		달랠	세	遊說(유세)		밀	퇴	推敲(퇴고)
	헤아릴	탁	度地(탁지)		기쁠	열	說乎(열호)	則	법	칙	規則(규칙)
讀	읽을	독	讀書(독서)	省	살필	성	反省(반성)		곧	즉	然則(연즉)
	구절	두	句讀點 (구두점)		덜	생	省略(생략)	暴	사나울	폭	暴死(폭사)
洞	마을	동	洞里(동리)	屬	좇을	속	從屬(종속)		사나울	포	暴惡(포악)
	통할	통	洞察(통찰)		맡길	촉	屬託(촉탁)	便	편할	편	便利(편리)
樂	즐길	락	苦樂(고락)	帥	장수	수	元帥(원수)		오줌	변	便所(변소)
	풍류	악	音樂(음악)		거느릴	솔	帥兵(솔병)	行	다닐	행	行路(행로)
	좋을	요	樂山(요산)	數	셀	수	數學(수학)		항렬	항	行列(항렬)
率	비률	률	確率(확률)		자주	삭	頻數(빈삭)	畵	그림	화	畵順(획순)
	거느릴	솔	統率(통솔)	拾	주을	습	拾得(습득)		그을	획	劃順(획순)
復	회복	복	回復(회복)		열	십	參拾(삼십)				
	다시	부	復活(부활)								